U0153948

考古

下幕

解讀歷史就像閱讀推理小說，
帶你踏查文明起源，
思辨炎黃子孫、大禹治水是否神話傳說？

郭靜云、郭立新、范梓浩——主編

偵探

Contents

下幕 田野考察日記

下幕　田野考察日記

盛暑已至，中正校園裡黃金風鈴木的花兒早已凋零。盤根錯節的老榕樹伸展著鬱鬱蔥蔥的手臂，夾道歡迎我們踏入搖曳著滿園青翠的中山大學康樂園，這賞心悅目的蔭涼消去八月的酷暑。暫且放下久讀的書本，打包了知識和行李，前方等待我們的是怎樣的田野？

一場華麗的湖南解惑之旅

上課之後，我們對湖南的印象都逐漸轉變。原本認為湖南在上古時代是「蠻荒之地」、「南蠻」，史籍中似乎記載此地居住的是文明水平不高的野蠻人。但是，現在知道這些觀念不但不是真實的情況，還帶著後見之明的偏見。我們過分看重漢代人的記錄，甚至到了全盤接受的地步。然而，任何歷史都是人所書寫的，歷代史官雖說要秉筆直書，但他們不可能脫離學習與生活的時代背景，也許不知不覺間就在歷史中摻入了王朝的意識形態。因此在分析過往歷史時，我們應該以出土資料為準，才會看到更接近「事實」的歷史。

想像中的南蠻（摘自西班牙地區新石器岩畫）
左：獵者舞蹈　　右：女人採集野蜂蜜

明立同學研究楚國，她曾經開玩笑著說：「道

孔子問老子禮：山東沂南漢墓畫像石

家是南方的思想，孔子見老子問禮，說明『禮』也是南方的，中國文明從『禮』開始。」當然老師們會說這種論述太隨意、不能這樣說，但明立認為這個想法能幫助大家理解南方文明。

經過這一學期的課堂學習，「湖南」、「湖北」不再只是一個浮在腦海中的空虛地名，而是一個自然資源豐富，適宜古人生息發展，並且宜於農耕的珍貴寶地。自新石器時代以來，其文化一脈相承，從彭頭山到大溪，又到銅石並用時代的屈家嶺文化，再到青銅時代的石家河與盤龍城文化，後到熊氏楚國近萬年綿延不絕。其文明歷史悠久古老，以往少有人重視，但現在看來相當值得詳細研究。

當我們對湖南的上古時代有一些基礎認識後，終於迎來了期待已久的考察活動！原本同學們對於「先上課，後考察」的計劃有些疑問，心想：「為什麼不直接去考察呢？」或者「上課比實地觀察更能吸收知識嗎？」但是現在總算理解老師安排課程的用意。只有先對我們要考察的地方有基本的瞭解後，田野考察才不會流於玩樂或純粹欣賞。若是如同一般人隨便逛逛博物館那樣，那麼我們也很難從考察見聞中去思考它們所代表的意義，回家之後大概只會留下簡單的「很漂亮」、「很厲害」的感想。而如今，我們腦袋裡裝滿了問題，希望能在這次考察中得到解答。

在之前上課報告的時候，我們便經常深感所知所學與考古資料不符，而且考古資料有時過於簡略平面，總覺得隔了一層

紗，因而產生了強烈的「想看實物」、「想到原地」的念頭，非得親眼看看那些考古報告中的事物，才能滿足自己的求知欲。這已經不是剛開始上課時的玩樂心態，而是抱持著想要解決疑惑的誠心，這應該就是老師們希望我們預先對湖南有所瞭解的原因。

靜云老師和立新老師已與湖南考古所的郭偉民所長聯繫，在郭所長、高成林老師、向桃初老師的悉心安排下，考察行程大致確定。期間我們將租一輛大巴士，在湖南轉一個大圈。

7月31日上午座談會結束後，我們從廣州出發，踏上了前往湖南的路程。大家拿著行程表嘰嘰喳喳地討論著出行的路線，想像著即將到達的遺址，暢談著可能看到的遺物，就像是第一次出遠門的孩子，即將進行一場華麗的冒險。只要想到能夠一睹那些平時只能在書本裡看到的遺址、博物館，還能進入文物庫房看文物，心裡便雀躍不已！

不過有些同學就不能單純開心了，因為將於湖南發表報告。所以除了期待之外，不免帶著一種不安的神色，看來是相當擔心報告發表的情況。其他不用報告的同學，也只能默默地替他們加油，祈禱他們能夠度過這次磨練！梓浩和詩螢在火車上也不停地工作，為第二天在湖南考古所的報告做準備！在出發之前，同學們私下相約一起寫考察日記，摩拳擦掌想要比比誰的文采最好，誰最能發現旅途中的美。於是，儘管一路辛苦，不少同學仍堅持記錄當日的所見所聞，所思所想。而這些

記錄也成為了我們共同的珍貴回憶，就像是沙灘上的小貝殼，閃閃發亮。考察的第一站是湖南省會長沙。走出長沙高鐵站，高成林老師和大巴士在

梓浩和詩螢在車上準備報告

外面等我們，大夥雀躍著奔往大巴士，迎接未來 12 天既充實且美好的考察旅程：

我們先到長沙市，參觀湖南省文物考古研究所的庫房（身為學生，這可是非常難得能的機會，能一睹那些未被展出的文物！）然後再前往炭河里遺址與銅官窯遺址。從這幾天考察的地點看來，考察地點的時代都偏晚，對於一些研究新石器時代的同學而言，這些遺址似乎都是未來史。之後前往鄰近的岳陽市考察費家河遺址、銅鼓山遺址，以及七星墩遺址，前幾天似乎以考察早商遺址為主；再於 8 月 6 日下午離開岳陽市前往澧縣和常德市，直到 8 月 8 日都在常德市周邊考察各處重要遺址。在這期間的考察重心放在澧陽平原上幾個重要的新石器時代遺址，包括與農業起源相關的彭頭山，與國家文明起源相關的城頭山等等，我們很清楚此處是長江中游農耕文明的發祥地，這次要來看看這裡到底是一塊怎樣的風水寶地；8 月 9 日

開始一路向西，到比較遙遠的湘西土家族苗族自治州龍山縣，前往著名的里耶秦簡博物館和里耶古城遺址，看來這天必須經過長時間的舟車勞頓才能到達目的地。從地圖看，我們幾乎跑出了湖南省，快要到達重慶境內；8 月 10 日開始繞回，前往東南方的洪江市與懷化市，參觀高廟遺址和懷化博物館，8 月 11 日再向東南，驅車前往永州市藍山縣，考察南平古城舊址、五里坪墓地，最後一天前往郴州市博物館。另外每天晚上都會有討論會，用來總結當天看到的事物，分享大家的疑問和心得，看來這會是個非常豐富的旅程。

考察日程

1
早上：參觀湖南省文物考古研究所庫房
下午：參加考古所內學術論壇
夜宿長沙市

早上：參觀炭河里遺址
下午：繼續參觀考古所庫房
晚上：在火宮殿吃飯與討論問題
夜宿長沙市

2

3
早上：參觀長沙王陵
下午：參觀長沙簡牘博物館、嶽麓書院
夜宿長沙市

早上：參觀銅官窯整理基地
下午：在銅官窯內舉行學術論壇
夜宿長沙市

4

5
上午：驅車前往岳陽
下午：參觀費家河遺址、銅鼓山遺址和陸城鎮
歷史文化保護街區
夜宿岳陽市

上午：驅車前往華容，考察華容七星墩遺址
下午：前往安鄉，考察安鄉湯家崗遺址
夜宿澧縣

6

7
上午：參觀八十壋遺址和雞叫城遺址
下午：參觀城頭山遺址和彭頭山遺址
夜宿澧縣

上午：參觀杉龍崗和華壋遺址，考察
九裏楚墓群和申鳴城楚城牆
下午：參觀常德市博物館
晚上：於博物館會議室內討論
夜宿常德

8

9
上午：驅車趕赴里耶
下午：參觀里耶秦簡博物館，里耶古城遺址
夜宿吉首市

上午：驅車前往洪江，參觀高廟遺址
下午：參觀懷化市博物館
晚上：討論
　　　夜宿懷化

上午：驅車前往藍山縣
下午：參觀藍山古城，五里坪墓地
　　　夜宿藍山縣

上午：考察湘粵古鹽道
下午：驅車前往郴州，參觀郴州市博物館
晚上：搭乘高鐵返回廣州

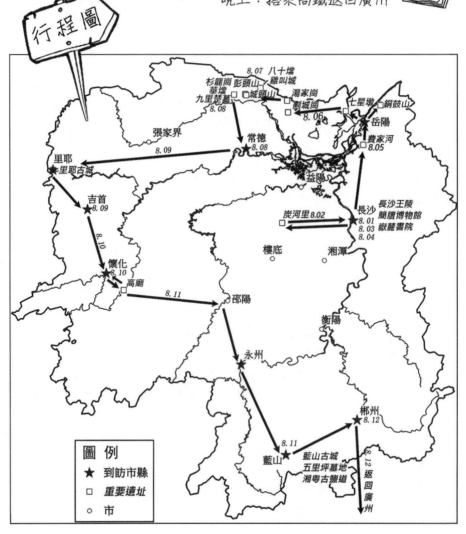

行程圖

8.07 八十墱
雞叫城
杉龍崗 彭頭山
華墱 　城頭山
九里楚墓 　湯家崗
8.08 　劃城崗
　　　　8.06
七里墩 銅鼓山
岳陽
費家河
8.05

張家界
常德
8.08
8.09
益陽

里耶
里耶古城

吉首
8.09
炭河里 8.02
長沙
8.01
簡牘博物館
8.03 嶽麓書院
8.04

8.10
樓底
湘潭

懷化
8.10
高廟 8.11 邵陽

衡陽

永州

郴州
8.12

8.11

藍山
藍山古城
五里坪墓地
湘粵古鹽道

8.12
返回廣州

圖 例
★ 到訪市縣
□ 重要遺址
○ 市

8月1日　天晴 ☀
終於接觸到文物了！

第一次品嚐湖南早餐（摘自梓浩同學日記）

昨夜為了準備今天下午的學術交流會，我與詩螢同學「熬戰」了一夜，終於把要在湖南省考古所發表的投影片準備好。我本以為可以安穩地睡到八、九點，養精蓄銳，在大腦保持高速運轉的狀態下，參觀湖南省考古所的文物陳列室。可是，長期習慣早起而形成的生理時鐘實在不容易征服，它從清晨六點半就開始「打擾」我，僅僅睡了四個多小時的我，也只能向它投降，拖著疲憊的身軀，頭昏目眩地洗漱出門。

出門在外，我始終奉行一個行動宗旨，「唯美食與風俗不可辜負」。 美食可以把積累下來的疲倦一掃而空，千滋百味繞舌尖而過，在大快朵頤的同時，又能切身體會到生活的智慧與魅力；而風俗，則是一種滲入到市井街角的無形力量，如同一張巨網，包裹著人們的生活，甚至在不知不覺中操縱著當地人的生活。如果從外來者的視角去發現這些風俗，就好像是發現了控制這一方的「上帝」，十分新奇有趣。

早晨七點的長沙，路上車輛還不算太多，行人的腳步也不是很匆忙，相比起香港、東京這些國際大都會，這裡的早晨更多了一份自在和閒適。在酒店附近溜達了半晌，我躡手躡腳地走進了一間開在小巷子裡的早餐店。小店門面簡陋且不起眼，也沒有「麥當勞」式的快餐裝潢，有的只是乾淨潔白的貼牆瓷磚，可折疊的木製圓桌，還有幾張簡便的圓凳子。室外還坐著

幾桌邊吃邊聊的老人家，手邊或拿著雀籠，或夾著報紙，悠然自得。看到此情此景，我便知道這間早餐店雖然「其貌不揚」，但必定內有乾坤，肯定可以找到最地道的長沙早點。

據行前所看的美食攻略介紹，長沙人早餐常吃米粉，主要是快捷方便，等待一兩分鐘便可，無須排隊等候。我隨便點了一碗酸辣粉，剛找了個位置坐好，店家就立刻端上來一碗香噴噴的米粉。拍照分享拉仇恨後，我把「魔爪」伸向碗內。米粉入口之際，爽滑香甜，加上辛辣刺激的味覺，把剛起床的困倦一掃而空，頓覺神清氣爽。就像香港人的那杯奶茶，長沙人一天的生活就從這碗米粉開始。坐在旁邊的大叔沒有吃米粉，只見他手握兩個包子，像吃漢堡一樣按在一起吃，我看著有點不解，但又怯於詢問。後來聽說，長沙人有這麼一種地道的吃法，把鮮肉包子和白糖包子按在一起吃，稱為「糖垛肉，一生足」。可惜今天已經錯過，下次有機會定要嚐嚐這種地道的長沙風味。

早餐過後，也是時候和各位同學會合了。也許因為這是行程的首天，同學們都十分興奮。柏熹同學還一早就拿出了筆記本和筆，胸前掛著單眼相機，時刻準備著捕捉精彩的「學術瞬

長沙早點

間」。而詩螢同學則是一臉倦容，看來她也需要一碗醒神的酸辣粉。幾位老師則是容光煥發，精神飽滿，徐堅老師還和幾位臺灣的同學聊起了長沙的早餐。大約早上九點，我們在趙亞鋒老師的帶領下，來到湖南省文物考古研究所文物陳列室。

八月的長沙豔陽高照，文物陳列室就好像是被長期炙烤的大悶箱，酷熱難耐。還沒開始參觀，汗水已經是「大珠小珠落玉盤」。一旁的柏熹笑說：「你變成了落湯雞。」再看看其它同學和老師，雖然已是汗流浹背，但仍然興致勃勃。畢竟大家準備了一學期的時間，從書中也吸收了不少知識，都期盼著腦海中的一張張線圖飛出紙外，化為眼前實實在在的器物。

我們一直以來都強調「知行合一」，究竟這個「行」能產生出多大的能量呢？這些能量是否足夠推動我們在探尋知識的道路上前行呢？此情此景，我的腦海中閃現出徐霞客在貴州遊歷時，不畏艱險，攀山涉水的景象。雖然他沿途多次被劫，內心鬱結，卻從未放棄胸膛中躍動的那份對祖國山河的熱愛，從未放棄對「行」的熱愛。故其所行所歷，最終譜就了一曲盪氣

高成林老師（左二）介紹考古所裡的標本

迴腸的旋律，《徐霞客遊記》也成為了極具文學與史學價值的好書。實地考察，必定有所付出，也應有所收穫，相比起徐霞客所冒的風險，我們流的一點汗又算得上什麼呢？

萬萬想不到的是，收穫竟來得如此之快。在陳列室內，師生間的討論迸發出許多新的火花，而每一簇星星之火，似乎都有燎原之勢。就以柏熹的問題為例，他在出發前，向大家報告的就是彭頭山文化石棒飾的初步研究，在初步整理資料的基礎上，發現石棒飾可能存在一些非實用的功能。因此，到達陳列室後，柏熹站在石棒飾的展示櫃前，看得出了神，時而眉頭深鎖，若有所思之餘，還不忘用手中的相機為它們拍下一系列的「寫真集」，他應該是在思考石棒飾的功能問題，但似乎仍未找到突破口。

與文物直接的接觸產生很多知識的火花

第一次與實物親密接觸（摘自柏熹同學日記）

　　終於讓我看到實物了！在之前準備報告的時候，我只是看考古報告中的線圖，完全沒有現場感，也很難想像實物的真實形狀。這是我與石棒飾的第一次「親密接觸」。雖然我已經認識它很久了，但仍被它「小家碧玉」的形象嚇了一跳，它的小身板比我想像中的還要小呢！不過，外貌歸外貌，它內裡的性質早已被我看透，它應該有特殊精神文化方面的象徵意義。

　　記得之前在翻閱《彭頭山與八十壋》發掘報告時，我看到這兩個遺址出土了不少富有特色的石棒飾。我猜想石棒飾的重要性應該超越該器物本身的形式與實用性功能，在彭頭山文化先民的生活中有特別的意義。

　　過幾天我們才會到彭頭山、八十壋遺址參觀，現在只能看看器物，在梓浩手中搶來的平板電腦上翻翻那份考古報告的電

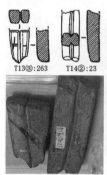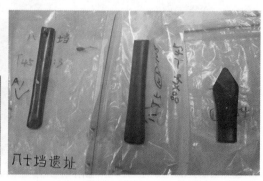

彭頭山文化
左：磨槽石；右：石棒飾

子版。「……棒狀墜飾整體呈細長條狀，少數頂端穿孔，個別飾刻劃符號或網狀劃紋。」在「裝飾品」的欄目下我找到了石棒飾出土的情況和詳細的描述。它們的原料很有可能是油頁岩類石料，多數為黑色或灰黑色，似墨炭石，質地細密光滑，少部分還呈現較光亮的特質。總體來說黑色的佔超過一半以上，其它的顏色還有灰黑色、黑色偏灰和炭黑，全都是以黑色基調為主的顏色。而石料的硬度較低，用指甲就可劃出印痕。

在發掘報告中，磨槽石被認為可能是加工石器或骨器刃部的工具，但我認為其並非工具，而是石棒飾的半成品。首先，兩件磨槽石標本均通體磨光，如果是磨石工具，實在沒有必要。在這裡我看了彭頭山遺址出土的一件礪石標本（T13 ③：17），它的形狀不規整，且三面殘斷，似乎可以認為當時並無使用規整形狀礪石的習慣。

第二，磨槽石寬面上有兩道底面相對的深豎槽，誰會沒事弄得這麼整齊呢？（那個製作者一定是處女座的，呵呵～）。如果是礪石的話，磨槽應該更多，而且間距不一、方向不一。此外，頂面和底面的磨槽位置兩兩相對，若為礪石，似毫無必要，實際上我們很少見到礪石的兩面被平均使用。所以，這兩道磨槽的安排更像是石器工匠在進行類似兩面穿孔作業時對齊兩孔的意圖。

第三，從磨槽石的剖面圖可見，雖然兩件標本已殘，但其平面及剖面都像兩條石條相連成一對的形狀。單獨觀察其中一

「條」的話，可以見到其形態與石棒飾十分相似，所以我推測磨槽石是一對加工中的石棒飾，是石棒飾的半成品。

最後，兩件磨槽石標本的寬度分別為 3 和 2.5 公分，其寬度除以 2 後分別是 1.5 和 1.25 公分，這個寬度正好落在彭頭山遺址出土石棒飾寬度大小值範圍內（0.8~2 公分），側面印證了我的推測是合理的。

黑亮的石棒飾令我想的出了神：我一直不太明白石棒飾的功能，不認為它們有工具的作用，也不認為它們僅僅只是用來作裝飾品；石棒飾很少出現在墓葬裡，未見作為死者的配件，反而在地層發現較多；是否可能有其它的性質？例如是作為祭禮之器？

石棒與支座（摘自梓浩同學日記）

柏熹問老師們石棒飾的功能，老師們好像也不甚理解。古器物的秘密真是太多了啊！這時，立新老師和靜云老師在一個展櫃中，發現了數個形狀奇怪的器物，便把柏熹喚去拍照。

立新老師　這幾個器物的形狀十分奇怪，整體看似柱體，但又突出其頭部，學界普遍稱為「陶支座」，但它們真的能支撐作炊器的陶釜嗎？

湖北省博物館城背溪文化展廳陶釜與支座互不搭配

高成林老師 我們湖南考古所的同仁曾經做過實驗，發現這些支座由於大小、高低不一，很難支撐起一個陶釜，所以它作為支座的功能是值得質疑的。

詩螢同學 我在湖北省博物館看過一個模型，他們用了幾個大小不一的支座，擺在了不對稱的位置，把一個陶釜支撐起來了。可是，這個模型不管怎麼看都是一碰即倒，難以想像陶釜底下的「支座」可以起到支撐的作用，而且看起來十分滑稽。

明立同學 那它究竟是用來幹什麼的呢？

柏熹同學 （此時靈

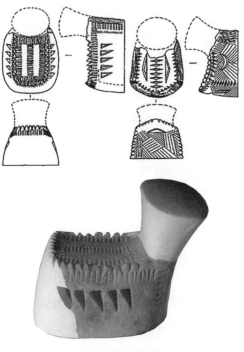

彭頭山文化陶支座

機一動，怯怯地說）會不會與我先前研究的石棒飾有關係呢？石棒飾也是柱狀物，而且，有的石棒飾也有突出的頭部。

立新老師　那是不是有點像陶祖呢？像鄧家灣發現的屈家嶺文化的「大型筒形器」，以及石家河文化時期的套缸遺跡，跟你們說的這些器物，有沒有可能都屬於同一個脈絡呢？它們都是一種對強調生命力量的祖的崇拜呢？

靜云老師　很有可能，但可能不是那麼直接的，要考慮時代與社會的差異。而且，由於長江中游的文化傳承關係比較明顯，因此這種對祖的崇拜的觀念，可能源於更早的時期，如柳林溪遺址的那些有各種各樣紋飾的「支座」，或者繼續往上追溯，說不定其思想根源可以追溯到湖南彭頭山文化，這是一個十分有趣的話題，但與石棒飾比較，兩者在精神文化上的功能或有差異。而順著這個傳統往下看，殷墟發現的那些以玉為資料，上面書有日名的祖先牌位，也是突出其頭部的，是抽象化的「祖」的形象。觀念與禮器形式之間的關聯問題很複雜，這部分我曾在《天神與天地之道》書上討論過。

　　我們跟著老師們的思路，也特別注意到彭頭山文化的「支座」問題。誠如高成林老師提到的實驗，這些命名為「支座」的陶器其實無法用於支撐，那麼如此造型特殊卻又大量製造的器物是何用途呢？目前還沒有明確的想法，立新老師認為這類

器物應是禮器，並且提出如此造型可能是與祖的崇拜有關聯的假設。若是如此，由於器座的類型很多，各種不同類型中，到底哪些類型與祖的崇拜有關聯？而在支座上的紋飾或鏤孔又分別代表什麼意思呢？或許還是需要更深入的觀察。柏熹很開心地拍照，還決定把支座的問題寫成碩士論文，他似乎認為很多所謂的支座可能

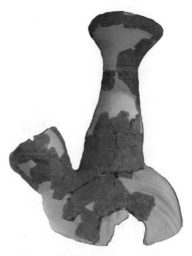

於涂家台遺址出土的皂市下層文化陶制禮器

是對男性生殖器的崇拜。柏熹加油吧！

後來一群同學集中在涂家台遺址的一件陶器旁，這件器物很大，形狀也很特別，明顯是一件共同祭祀用的器物。很獨特，其他地方都沒見過。古人怎麼看它？師生一起討論，但沒有獲得解決。

白陶之謎：與信仰有關的器物紋飾（摘自梓浩同學日記）

隨後我們來到隔壁的標本室，這裡存放著很多高廟文化陶器。先前在課堂上，老師就曾經提到過高廟文化有很多有趣的東西。高廟遺址是一處祭祀場所，是以打獵為生的山地先民舉

行儀式之地，因此，這裡出土的器物應該與他們的信仰體系有關。在眼前這些標本中，最引人注目的就是那些帶紋飾的白陶。這些神秘的紋飾多以鳥頭、獠牙、山、水為主題，似乎有一整套完善的信仰系統。靜云老師認為這類帶獠牙的紋飾，是野豬獠牙的象徵，而高廟遺址中也確實發現了野豬骨。這樣的推理應該是合理的。但是如果這是野豬的象徵，如何看待當時的人對野豬的崇拜？靜云老師說她正在寫《天神與天地之道》，書裡將會有詳細的討論。過一段時間就可以看到！古代遺物所隱藏的秘密實在有趣！

關於白陶的起源和傳播問題，我覺得也是一個十分有趣的議題。目前而言，高廟遺址的白陶是國內發現年代較早的，是山地白陶的代表。我們在課堂上討論過，刻紋白陶技術源自皂市下層農耕文化，主要刻紋是八角星圖。後來與高廟文化屬同一時代的平原地區湯家崗文化的白陶紋飾，也是抽象的幾何紋與八角星紋，但是高廟紋飾有鳥頭、獠牙與山水紋。靜云和立新兩位老師認為，刻紋白陶被山地高廟文化吸收之後，成為南嶺遊獵族群兩千年來持續採用的禮器，並配合他們的精神文化需求，因此出現鳥

高廟遺址白陶缽：野豬獠牙

頭、獠牙、山水等圖案，山地人用白陶來表達自己的信仰，或創造山地與平原兩種形象混合的構圖。隨著山地獵民的遷徙，使用刻紋白陶禮器的習俗涵蓋整個嶺北與嶺南地區，並成為大文化體系的指標。現在看這些陶器，確實可以看到山丘風景，不僅有特別多的鳥頭，也有奇怪的獠牙圖……過幾天我們會再到高廟遺址親自看環境。

我努力地想把標本室中高廟白陶的紋飾畫下來，想帶到高廟遺址去比較遺址的風景。可是明立同學的美感與我的不同，她說高廟白陶的紋飾雜亂，所以不想跟我們討論，她欣賞的是紋飾規整的湯家崗文化白陶。

同學所仿畫高廟遺址的鳥圖與風水圖

黑陶之謎：製陶技術可作為社會文明化的指標之一！（摘自梓浩同學日記）

麗霞同學看到城頭山的遺物很激動，當中有很多精彩的陶器和石器，還有不少石鉞。大家習慣以為鉞是良渚的禮器，可

是湖南城頭山在更早的大溪文化時期就已經有這種器型。麗霞在瓶子裡又發現木器的殘片以及紡織品！這些有機物居然能夠保存那麼久。

隨後，我也找到了自己感興趣的城頭山遺址器物標本——大溪文化三期和大溪文化四期的器物，親眼目睹這兩期器物的差異。這也是我先前所做報告的一個基礎假設。仔細觀察之下，直觀地憑經驗判斷，我發現從大溪三期到大溪四期，遺物的變化率遠高於大溪一至三期的任何期段。這是不是真的說明了大溪三期前後，城頭山聚落發生了較大的變化呢？那麼，發生這種變化的動力究竟是什麼呢？它是怎樣變化的呢？為什麼要變化呢？這令我相當困惑，同時也覺得十分好奇。於是，我把立新老師找過來一起討論：

城頭山大溪文化石鉞

城頭山木器殘片和紡織品

梓浩同學 老師您看，大溪四期才出現的大量的豆、壺、瓶，使整個文化面貌變得十分不一致。

立新老師 確實是這樣，郭偉民所長認為這是油子嶺文化南下的結果。

梓浩同學 所以說，是不是可以這樣假設，在大溪三期時，一波從漢北地區油子嶺文化區遷徙而來的人佔據了城頭山聚落，這是促使文化面貌、聚落形態變化的主要動因。

立新老師 有可能是這樣的。

（這時，靜云老師也走到了旁邊，問：「你們在聊什麼？」）

梓浩同學 我們在說大溪三期和大溪四期的文化面貌十分不一致的問題，老師看看這兩個展櫃。

靜云老師 （仔細地看了一會兒說）的確是有很大不同，而且不知道你有沒有發現，大溪四期的壺、豆、瓶、杯，有許多是黑陶。

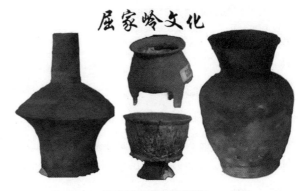

屈家嶺文化泥質黑陶

（靜云老師目光銳利，在老師的提點之下，我也發現了在這幾種器物中，黑陶佔的比例較高。）

靜云老師　我們都知道，屈家嶺文化的黑陶十分有特色，有的器物胎薄黑亮，十分精緻美觀。這表明他們的製陶技術十分高超，掌握了一套能燒製精美黑陶的技術。那麼，城頭山遺址的大溪四期，突然出現這麼多黑陶，而且大多集中在壺、豆、瓶、杯這幾類器物，是否說明城頭山遺址大溪四期的器物與屈家嶺文化的器物之親緣關係較近呢？

梓浩同學　也有不少學者認為，屈家嶺文化源於油子嶺文化。如果說城頭山遺址大溪四期受油子嶺文化的影響較大，那麼，城頭山遺址大溪四期的器物與屈家嶺文化的親緣關係較近也是順理成章的。

立新老師　所以說，屈家嶺文化的黑陶工藝和快輪製陶技術，可能在大溪四期—油子嶺這一時期就開始出現了，到屈家嶺文化時發展成熟。

靜云老師　黑陶技術究竟是先在湖北油子嶺發明再傳到湖南，或者油子嶺只是一個文化影響的吸收者，這個問題還需要詳細地研究。我認為油子嶺文化不一定是快輪製黑陶文化的發祥地，這中間存在很多疑問，需要慢慢搜集資料並作進一步的思考。總體來說大溪、油子嶺、屈家嶺文化定義的指標不夠明確，將來需要再調整。這些文化的劃界問題，不僅與黑陶技術有關，還與社會文明化及國家化進程有關，黑陶既是技術的表

現，亦是精神文化的載體，在長江流域的歷史舞臺上，黑陶燒製技術曾作為社會文明化的重要進程。有趣的是，在長江下游，也是差不多同時期，崧澤文化也出現了大量的黑皮陶，而這些黑皮陶器，往往在墓葬中扮演著十分重要的角色，在具體的墓葬情境中佔據著非同一般的位置。

梓浩同學 那麼，黑陶起源究竟是誰早、誰晚呢？是技術的傳播呢，還是在相近的環境下各自有同樣的發明呢？

靜云老師 沒錯，這些都是有趣的問題。而且，關於這些屈家嶺早期—崧澤的黑陶燒製技術，至今仍然沒有十分明確的研究成果。如果你有興趣，可以研究這一系列相關問題。

　　與老師們的討論引發我的思考：

　　在中國考古學的學術史上，黑陶問題似乎有著舉足輕重的地位。從 1930 年城子崖的發掘開始，「山東龍山文化黑陶」與「仰韶文化彩陶」的關係就成為了爭論的焦點。直至殷墟第五次發掘，梁思永先生發現仰韶—龍山—小屯三疊層後，正式從地層學證據提出以黑陶為代表的龍山文化在時代上晚於以彩陶為代表的仰韶文化。這在中國考古學史上是里程碑式的發現，是運用地層學判斷相對年代的典範。

　　1949 年恢復正常的考古工作後，各地紛紛發現黑陶遺存，起初均以「某地龍山文化」命名，如河南龍山文化、湖北龍山

文化等等。隨著發掘工作日漸開展，各地發現的黑陶遺存也越來越多。到了1980年代初期，在蘇秉琦先生的號召下，各地紛紛建立自身的區系文化。「某地龍山文化」成為歷史名詞，黑陶遺存也見證從「某地龍山文化」到龍山時代的又一個里程碑。

　　但是，這麼多年來，關於黑陶起源及使用功能方面的研究卻是寥寥可數。關於黑陶的製作工藝，學界也較多集中於研究山東龍山文化的蛋殼黑陶技術，而忽視了其它地區的黑陶燒製工藝。與黑陶相關的一系列課題，看來存在可研究的空間，說不定黑陶研究能見證中國考古學發展的下一個里程碑呢！

　　靜云老師一直認為，中國考古學有五個神話：仰韶、龍山、二里頭、二里崗、殷墟小屯。第一，把河南的仰韶文化視為彩陶文化的同義詞，定為一種文化的標準。但是，目前各地都發現了很多獨立的、形式不一的彩陶文化。所以，統一的「仰韶文化」已經不存在了，學界也普遍改稱「仰韶時代」，但「仰韶時代」還是偏向於表達「仰韶文化」是這一時代的主題，所以未必是好的用詞。第二，多年以來，人們以為黑陶技術以及其它文化突破均源自山東，實際上後來的發掘已經充分證明：山東龍山文化在諸黑陶文化中時代最晚，是吸收了很多外來文化因素而創造的晚出的文化，所以「龍山」作為跨區域的概念實在不妥。第三和第四，考古學界一直把二里頭當作中央，湖北、湖南等地發現的與二里頭相近的文化，都被看作是

在所謂二里頭為中央的「夏」王國的影響下形成的。接下來，二里崗上、下層文化也被定義為「早商」，而同樣被認定為是當時天下的中央；但藉由後期發掘證據判斷，我們已經知道所謂「二里頭文化」、「二里崗文化」實際上是在江漢地區形成並發展，然後再傳播到四方的，實際的中央在武漢盤龍城，而不是在鄭州，稱為「盤龍城文化」才準確。第五，一般認為殷商時代的中央在河南安陽殷墟，所以一切文化成分都是先在殷墟出現，然後再傳播到別的地區；不過，這也是基於先驗的認識，如果放棄偏見而純粹從資料來分析，可知殷墟並不是單一文化的發祥之地，反而是各地文化彙集的新興帝都。歷史真是十分有趣，如果不預設立場，我們就可以發現新世界！也許黑陶研究中也同樣存在著「先驗預設」的情況。

就如同不斷進行著的「化學反應」，隨著新元素、新物質的發現和加入，新的技術又會隨之出現。然而，受限於資源、環境等多種要素的不同以及人為選擇等因素，不同地區的「化學式」也有所不同。因此，在不同地區、不同文明的技術創新圖譜上，人類做出不同選擇後，其形成的路徑依賴是造就區域文化多樣性的重要原因。

那麼，作為人類技術史上的一環，泥質黑陶又在怎樣的「化學反應」中扮演著怎樣的角色呢？從舊石器時代末期至新石器時代早期，隨著人們的食物種類變得更加多元，人類開始走出山洞。在接下來近萬年的歲月裡，陶器——這一結合土與

火的技術，作為人類祖先的偉大發明，銘刻在人們日常生活的點點滴滴當中，深刻地改變了人們日常生活的面貌。可以說，製陶技術是當時人類掌握和利用自然的最為重要的技術成就之一，也是當時技術能力和社會發展水平的重要標誌。縱觀人類的製陶史，大約經歷了從泥片貼塑→泥條盤築→慢輪修正→快輪拉坯，從露天敞燒→窯內燒製，從低溫→高溫，從氧化氣氛→還原氣氛，從疏鬆且陶色斑駁的夾炭軟陶→胎質緻密堅硬的泥質灰陶和黑陶等一系列的技術變化。

2014 年 9 月 19 日，iPhone 6 全球上市，回想起來，iPhone 已走過了七個年頭（按：本考察日記於 2014 年撰寫）。七年前，2007 年 6 月 29 日，首代 iPhone 在美國正式發售，紐約第五大道上人山人海。據報導，數以千計的美國人已經在此等候數天，為的只是比其它人早一刻享受人類通訊史上的這場盛宴，早一刻參與到這場前所未有的通訊革命當中。但是，一般的手機在此之前就已經存在了數十年，僅僅是去掉了塑料鍵盤的大螢幕手機，又能給世界帶來怎樣的變化呢？只不過是一項技術的革新，人類為何會趨之若鶩？

誠如賈伯斯在 2007 年 1 月 9 日的那場發佈會上所說：「每隔一段時間，就會有一個革命性的產品出現，然後改變一切。」iPhone，一台僅有 3.5 英吋的多點觸控智慧型手機，引領了一波智慧型手機的浪潮，革命性地改變了手機在人們日常生活中的地位。今天，藏在你我口袋中的智慧型手機，這台源

於美國蘋果公司的創新產品，已經傳遍整個世界；它讓電腦微縮在你的手掌上，它讓你無時無刻置身於網絡之中，它成為許多人生活中不可或缺的一部分。

　　大約在距今 6000 至 5300 年前，在廣大的長江中下游地區，一項技術的創新和散佈正在悄然進行，數以萬計的黑陶遺物出現在那些久遠的遺址中。這看似是僅僅改變了陶器的外觀顏色而已，怎麼能在人類的技術史上掀起波瀾呢？這場技術革命——黑陶，它究竟是源於何時何地呢？它擁有怎樣的功能？當時的人們又為什麼要追捧這個「新科技」？起源地與擴散地對黑陶的理解，又有怎樣的不同？黑陶這一「革命性的產品」，究竟是怎樣改變了當時的一切？一項技術的創新，在人類的社會中究竟會扮演怎樣的角色？在西元前第四千紀的新石器時代，在某些地區剛剛邁入初期複雜化社會不久，我們的祖先究竟是怎樣看待黑陶這一新生技術？一切都要回到那場變革發生的情景中，我們才有可能找到答案。

　　我認為這些問題很有意思！黑陶興盛的同時，長江中游出現最早的城邦，又出現前文字符號，並逐步產生國家社會，所以在中國歷史上黑陶的出現與發展，離不開社會複雜化，甚至可以將其視為文明化成功的指標之一。所以，黑陶技術的起源和發展，在東亞歷史上應該是具有特殊地位的。我需要搜集長江中下游的標本作測試、比較，試圖釐清黑陶技術的來源以及其社會文化意義。這些問題值得深入研究啊！

在我思考黑陶的時候，詩螢開開心心地找到了盤龍城文化的鬲，給大家解釋。俊偉學長則集中閱讀竹簡，他第一次看到竹簡的原件，小心翼翼地捧起這份承載著數千年前古人思想的竹簡，嘴角微微上揚，若有所思。

雖然我們在標本室的時間只有短短半天，但是師生們心中已萌生了很多有趣的思考。真是「紙上得來終覺淺，絕知此事要躬行」。沒有實踐課堂和密切的師生互動，怎麼會碰撞出那麼多思想火花，怎麼會有那麼豐富的收穫！

大約參觀了三個小時左右，我們到附近餐館用餐，稍事休息後，一行人來到考古所的會議室，開始一場學術討論會，昨夜我和詩螢正是為了這場討論會才「熬戰」到凌晨二點。想到

▲找到了盤龍城文化的鬲

▶課堂上讀過竹簡，但第一次看原件。

要在不少考古學界的「大牛」（編按：指某一領域的優秀者）面前展示自己的研究，內心既興奮，又忐忑不安。

8月1日 長沙湖南文物考古研究所學術論壇（摘自梓浩同學日記）

論壇主持人：郭偉民所長

議程：

湖南文物考古所尹檢順：桂陽千家坪遺址的發掘、整理與初步認識

湖南文物考古所趙亞鋒：在文化的交流與碰撞中走向社會複雜化——
澧陽平原史前社會複雜化進程的區域個案觀察

岳麓書院向桃初：湖南商周考古發現與研究綜述

中正大學郭靜云：從中國文明形成的背景看湖南地區的角色

中山大學郭立新：從考古所見長江中下游地區早期稻作遺存說起

中山大學范梓浩：澧陽平原聚落變遷（大溪文化——石家河文化）

中正大學邱詩螢：湖南地區盤龍城文化

　　由於我較熟悉新石器時代的資料，對商周時期的資料則比較陌生，因此我特別關注尹檢順老師和趙亞鋒老師的演講。尹老師介紹桂陽千家坪遺址的發掘情況，最讓人注目的是，這也是一處山地遺址，同樣也發現了大量帶有特殊紋飾的白陶，而且紋飾系統與高廟系統比較相似。我記得靜云老師認為，南方地區存在山和水兩個網絡，但大家往往忽視了這個山地網絡。

而這群遊動性極高的山地獵人，似乎擁有一個範圍極廣的聯繫網絡。桂陽千家坪的發現似乎印證了這個假設。

趙亞鋒老師的研究則與我先前的論文報告有相關之處，不過他的時空範圍比我更廣。而且，趙老師長期在湖南地區一線從事田野工作，對湖南地區的文化體系有很多心得體會。趙老師認為，湖南地區的社會複雜化始於湯家崗文化時期，這可以從湯家崗遺址墓地的分化看出來。在一系列文化交流和碰撞中，單一聚落內部，如城頭山遺址的社會複雜化程度加深。同時，他還運用 GIS 對澧陽平原的聚落分佈進行宏觀的空間分析。這一類研究目前在考古界正大力推廣和普及，湖南考古所也花了大量的精力建立起澧陽平原的 GIS，可見湖南省考古所擁有高瞻遠矚的研究目光，也就難怪這十多年來，湖南省考古的工作越做越好。

向桃初老師的演講則提出很多問題，詩螢同學跟我咬耳朵，才知道這些都是最近很熱門的難題：如湖南商周時期城址、墓葬和青銅器的年代；文化與國家的屬性；本土與外來的問題等等。靜云老師、詩螢同學與向桃初老師有些看法不同，後來一路上也有幾次討論，各方都提出一些證據。他們三位對資料都很熟悉，所以討論的內容很有趣，其它同學聽了也感覺非常受用。詩螢同學從考古所的標本中發現更多支持她觀點的證據，向桃初老師也對她的論證感興趣。能夠這樣同等地與老師們討論實在很棒！靜云老師經常說，無論是老師或學生，我

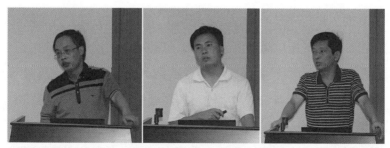

由左至右分別是：湖南文物考古所尹檢順老師、趙亞鋒老師及岳麓書院
向桃初老師

郭偉民所長主持

們在史料面前都是學生。我們必須多看，多思考，並努力從史
料中發現問題。

　　靜云老師、立新老師、詩螢和我的演講題目構成一個相關

的系列。當時靜云老師的《夏商周：從神話到史實》一書還沒有正式出版，所以這次演講是靜云老師第一次較為系統地向中國學界闡述她關於中國文明起源的認識。她的演講分四個部分：研究目標及方法，歐亞地區人類社會發展的脈絡，有關中國早期文明形成的神話，湖南地區在稻作起源、系統化以及早期文明的形成中扮演的角色。她指出，藉由考古、文獻與自然

由左至右為梓浩同學、詩螢同學及立新老師

湖南文物考古研究所學術論壇現場　　　　　靜云老師

情況的分析，我們可以初步推論，中國早期歷史並非如此有「中國特色」，也沒有悖離其它世界文明的早期發展規律，而是循著歐亞地區人類歷史脈絡發展。中國早期原生文明的發祥地，並非是黃河流域或所謂「中原」地區，而是在長江中游地區。在長江中游地區的文明化進程中，湖南地區是農作起源與成長的地區，是文明最早濫觴與發端的地區。雖然自銅石並用時代（屈家嶺文化）以後，長江中游先楚文明的重心北移，以漢北漢東地區為中心，但長江以南的先楚文明依然十分先進。直至殷周時期，由北方新來的佔領者才建立了以黃河交通線為中央的上古帝國。而殷周、秦漢文獻的記載，是引發上古文明發祥地誤解的罪魁禍首。此觀點一出，在座的同行都表示相當震撼。

　　很快就輪到我上臺演講了，我講的是在課堂上討論過的聚落演化問題。在十五分鐘內，完成了演講內容，總算是不辱使命，郭所長也認同多學科結合研究是十分重要的。而詩螢同學的發揮則更加出色：她質疑二里頭和二里崗文化的概念，提出「盤龍城文化」的新定義，並從「盤龍城文化」進一步討論湖南地區西元前二千紀前半葉青銅文化的屬性，向桃初教授和郭偉民所長都對她的研究內容大加讚賞。無論如何，今天的演講結束後，總算是鬆一口氣，接下來可以好好享受這十多天的湖南考察之旅。

報告完後，郭所長請大家吃長沙湘菜。在廣東不敢吃辣的同學，和更怕辣的臺灣同學，到了湖南都吃得很開心，而且越辣越過癮，吃了也不會上火。果然是一方水土養一方人，在湖南就是吃湖南菜才好吃！一天結束，今晚不需要再準備投影片，可以美美地睡上一覺。這一天的訊息很多、收穫很大，但我已無法再思考下去了，只好早早地入睡。明天早晨向桃初老師將會帶我們去參觀炭河里遺址。

長沙湘菜

8月2日　天陰

獨特青銅器的神秘故鄉

（摘自詩螢同學日記）

山間的炭河里城址

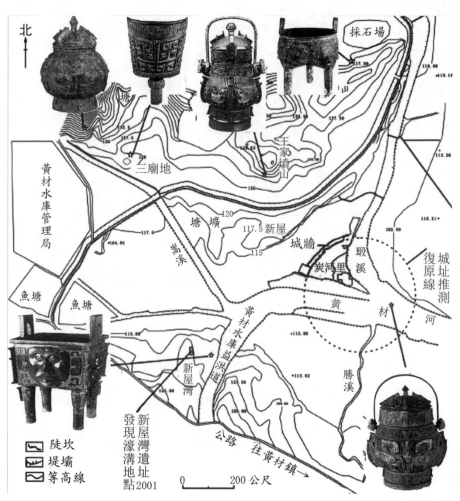

寧鄉：珍貴青銅器的故鄉

在學校上課，我們可以按照課題時代的先後順序安排課程，但出來考察就必須按照空間的距離遠近來安排考察行程。所以，今天的活動不是從年代最古老的彭頭山開始。

　　一大早，我們乘車前往寧鄉炭河里遺址，這是這趟行程參觀的第一個遺址。前往考古遺址現場意味著終於可以到戶外跑跑跳跳了，雖然我本人並不是經常在戶外活動的人，但連續窩在室內幾天還是覺得有點難受，能夠出去走走感覺挺好。儘管今天依舊悶熱，但因為是陰天，對怕曬黑的女孩子來說，這樣的天氣外出是再好不過了。（按：日後，詩螢同學在不同的工地參加發掘，練就了一身「不怕熱不怕冷」的本事）

　　炭河里遺址位於湖南省寧鄉縣黃材鎮栗山村。寧鄉地區斷斷續續出土了一些精彩的青銅器，可惜都是偶然出土，出土背景不是很清楚，只有到 2001 年後才開始發掘炭河里城址。遺址位於黃材水庫旁，是潙水流經的第一個盆地，現在為一片農村景觀。站在村子裡，我們彷彿進入了一座戒備森嚴的城池，四周環繞的山丘像是城牆般，守護著小小的平原，似乎即使不建城牆，依靠自然的屏障已足以抵禦敵人。這和我們之前所見的兩湖城址大不相同。兩湖城址多選擇於交通便利、四面開闊之地，以便拓展自己的空間；而炭河里城反而藏於盆地，受空間的局限，可能與早期兩湖城址的建造目的有所不同，似乎十分重視防禦功能。

　　現在山腳下有零散幾戶人家和大片稻田，尚未結穗的水稻

隨風搖曳，池塘邊的鴨子悠閒地梳著毛，一般人絕對想不到這樣普通的農村竟是出土了人面方鼎、四羊方尊等著名青銅器的地方。

　　長年在此地工作，多次主持過炭河里遺址發掘的向桃初老師為我們解說炭河里遺址。向老師一邊走到遺址的中心位置，一邊指出各個青銅禮器的出土位置。原來當年有許多青銅器是被農民所發現，但有的農民並不知道其價值，甚至打碎了青銅器，作為廢銅以低價賣出。考古學家得知此事後便前來炭河里遺址調查，詳細詢問發現青銅器的當地農民，這也成為了日後研究炭河里遺址所出青銅器的依據。何介鈞先生等前輩更叮囑後繼者一定要牢記這些出土地點，向老師說到這裡臉上露出了懷念的神情，這讓我深深感受到考古工作者的堅持和傳承。

　　雖然向老師為我們指出位置，但此地青銅器多數出於山上，由於時間的限制，我們不可能一一探尋，光遠看很難有強烈的印象。就在大家困擾時，明立同學就像變魔術般從她的背包中拿出了〈湖南寧鄉炭河里西周城址與墓葬發掘簡報〉，翻到了地圖頁，頓時東西南北都清楚了！遠望群山，我們

向桃初教授帶我們認識炭河里城址

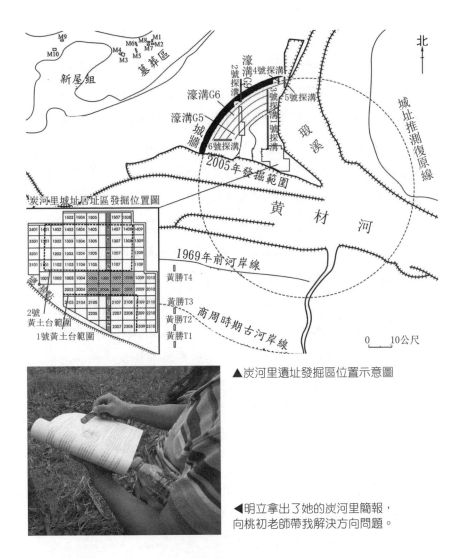

炭河里城址居址區發掘位置圖

北

城址推測復原線

濠溝4號探溝

2號探溝G9

濠溝G6

濠溝G5

城牆

6號探溝

5號探溝

3號探溝

4號探溝

墓葬區

新屋組

M9

M10

M8 M1

M6 M7 M2

M4 M5

M3

2005年發掘範圍

眍溪

黃 材 河

1969年前河岸線

黃勝T4

黃勝T3

黃勝T2

黃勝T1

商周時期古河岸線

0 ___ 10公尺

2號黃土台範圍

1號黃土台範圍

▲炭河里遺址發掘區位置示意圖

◀明立拿出了她的炭河里簡報，向桃初老師帶我解決方向問題。

用眼睛巡視了一趟各個青銅器的出土地點。接著向老師還帶我
們到城牆上，逐一解說城牆、壕溝的走向，現在城牆地勢仍是
比較高，像是一道長長的土堆，上面種植了許多玉米之類的耐

旱作物，如果向老師不說，我還以為是專門種玉米而堆高的呢！由此地的城牆和壕溝推斷，炭河里仍屬於環壕土城，城牆由河道黃土堆成，城牆內外皆有壕溝，在城內壕溝的內側還有第二道壕溝，所以總共有三道壕溝。有趣的是，城內的第二道壕溝被用來堆砌垃圾，而城牆內外的兩道壕溝卻相當乾淨。所以，向老師認為，當時可能規定只能在第二道壕溝丟垃圾，否則可能要受罰，才會出現如此有秩序的狀況。另外，此地於2003年時已發掘出宮殿遺跡，與城牆和壕溝屬同一時代，目前發現有一號和二號宮殿，但這些宮殿都有被洪水沖刷過的痕跡。也許在目前發掘到的宮殿之下還有其它更早的遺存。向老師認為此地是山窮水盡之地（按：「山窮」即這裡是湖南中部雪峰山脈北部的盡頭，「水盡」指這裡是湘江支流溈水的源頭），建城選址考慮上是處於守勢。令人歎惜的是，由於黃材河和琊溪流過炭河里城址的南部和東部，城址大半被沖刷殆盡，甚至河道中偶爾還沖出青銅器。目前遺址保存良好的地方僅剩約兩萬餘平方公尺。

我們圍著城牆走一圈，鈺珊同學突然注意到村子裡農家養著鴨子，不由自主地擔心起牠們會不會偷炭河里先民的玉器。因為老師在課堂上說過盤龍城的鴨子是專業的「玉器小偷」。

我之前在做盤龍城相關報告時，就對炭河里遺址很感興趣，知道這裡是考古界著名「寧鄉銅器群」的故鄉。自1930年代以來，陸續出土青銅重器多達300餘件，著名的四羊方

背靠　　　　　　　山

城墙

城　内
（現在是稻田）

城

牆

▲炭河里城址現場

◀炭河里遺址邊看到
　「玉器小偷」

尊、人面方鼎、獸面紋瓿、「癸」卣、「戈」卣等都出自這
裡。所以，可以肯定地說，此地擁有相當高的青銅鑄造技術。
但是向桃初老師認為，炭河里的時代是從殷商到西周，靜云老
師則認為其年代可能早到盤龍城六期；不過，無論如何看炭河
里建城時代，相較於南方地區其它重要的商周遺址如盤龍城、
三星堆等而言，其時代較晚，且選址偏僻，不像其它同時期環

壕土城多位於水運交通便利處。但如此一個「偏鄉小城」為何出土如此多精美的青銅器？其間隱藏了什麼樣的歷史故事？這些都激發起前來參觀的同學們極大興趣和好奇心。

據向桃初老師介紹，被發掘的兩座宮殿之下或許有更早的宮殿，可能與盤龍城遺址、銅鼓山遺址同期。靜云老師建議將寧鄉與江西吳城文化遺址群作比較：二者都在山脈之間，離長江和銅礦的距離也差不多，都鄰近長江支流——湘江或贛江，他們之間的交通也還算便利：山間有很寬的通道。因此，可以考慮它們之間有相似的生活環境和生計策略，也有互相認識的可能性。但這種相似代表何種具體情況？有沒有實際的來往？這問題暫時還沒法解決。

◀寧鄉青銅器

▼我們到達寧鄉縣文物局

寧鄉縣博物館：親手摸到超大青銅器！

　　我們環炭河里的城牆走了一圈，從城的中間穿過，感受周圍的山麓邊疆，之後前往寧鄉縣博物館參觀。館內展出了當地出土的青銅器複製品，儘管只是複製品，我們還是可以從這些複製品中看出其精美。而且，上面的紋飾與殷墟的青銅器不太相同。例如當地出土的鐃上有象的紋飾，製作的體型也較殷墟的大，這種大鐃僅出現於長江流域。靜云老師看到雙象紋銅鐃後很激動，開始為大家解釋這種雙象紋的構圖，大概是從殷商三期陸陸續續傳到其他地區，殷墟也有模仿這種構圖者，最後

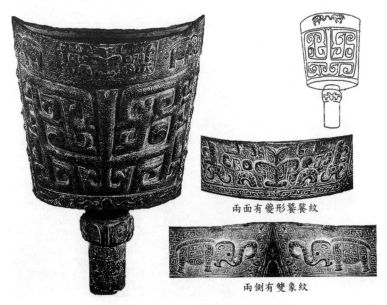

兩面有夔形饕餮紋

兩側有雙象紋

寧鄉曾出土兩件雙象饕餮紋大鐃
第一件現藏在湖南省博物館（照片），另一件現藏在國家博物館（線圖）。

影響到殷周之際寶雞地區青銅器的風格，而寧鄉出土的銅鐃應該是這一構圖的源頭。這裡共出土了兩件象鐃，一件現在北京國家博物館，另一件留在湖南省博物館，而寧鄉博物館只有複製品。在這件銅鐃正鼓兩面都有夔龍饕餮紋，四個側鼓上有造型大象，在兩側的銑上則有兩對象鼻交接。靜云老師在《天神與天地之道》書裡討論過象鼻的象徵意義，但是我現在才瞭解崇拜大象的信仰來自湖南。不過想想也不覺得意外，因為大象畢竟是南方的動物。

寧鄉縣博物館的館長看見我們意猶未盡，就開放庫房給我們參觀，裡面存放的大青銅瓿尤其吸引目光。其肩寬 0.9 公尺，但僅重 61.5 千克，器壁相當薄，從鑄造技術上來說，把大型器物的器壁做得如此薄而均勻是十分困難的，足見此地的青銅技術確實相當高超。館長允許我站在椅子上，觀察瓿裡的鑄造痕跡，不過因為我太矮了，沒辦法看清楚。梓浩同學接著

寧鄉文物局收藏炭河里出土的大青銅瓿

寧鄉文物局庫房中炭河里出土牛頭尊的殘件

站到椅子上觀察，並興奮地拿相機拍照。其他同學坐在地板上看殘缺的牛頭尊，大部分人都從未如此親密地接觸過商代青銅器，所以心情都十分激動。

靜云老師在課堂上講過「湖南青銅禮器特殊的藝術風格」，而看過這些青銅器後再去看炭河里城址，更能親切地感受到這片土地上精彩的青銅器文化！過去究竟是什麼樣的人在這裡活動，並且掌握了那麼高級的青銅技術？真令人好奇！

由於寧鄉縣博物館只有一間展覽室和小庫房，所以我們待的時間較短，老師們提議再去湖南省文物考古研究所的標本室。聽到這個消息，同學們都很開心，因為那裡的陶器標本很多，雖然昨天已經參觀了一個上午，但都只是簡單看看而已，沒有仔細觀察。

參觀考古所標本室和關於炭河里遺址的辯論

　　昨天，我們只看了舊石器時代與新石器時代的部分，所以大家都希望再去把剩餘的部分看完。同行的向桃初老師知道我們要去省所標本室，主動提出由他來講解商周標本室的標本。能夠請對當地商周文化非常熟悉的向老師來解說，對我們來說，真是難得的機會。

　　向桃初老師首先為我們介紹高砂脊遺址和老鴉洲遺址，這是他親自領隊發掘的遺址。他認為此地殷商時期文化與河南地區同時期的文化不太相同，卻與銅鼓山較為接近；粗柄豆和平檐甗是本地特色的器物，在湘贛邊境一直有出土，這可能可以證明靜云老師所說的寧鄉地區與吳城文化的關係。

鬲的文化來源

　　向老師認為炭河里遺址文化因素特別複雜，來源不同。例如數量特多的釜、籃紋、紅陶，以及大圈足盤，可能跟本地石家河文化有關係；又例如鬲的數量特別少，不超過十個，考古隊找出三個鬲，認為分別代表三種不同的文化。第一個是分檔鬲，與北方「商」鬲接近，但又有點癟檔，而且商鬲的足是尖的，而這一件的足底是平的。我仔細觀察了這件鬲，又與 iPad 上的盤龍城和吳城發掘報告作比

左：分襠鬲　　　中：弧襠鬲　　　右：平襠鬲
炭河里遺出土的陶鬲

較，感覺這種製造方法與吳城的很接近，都是有點瘸襠，並且在二、三期時也出現一些平足。吳城二、三期年代是不是與炭河里的年代相當？這問題可以認真思考一下；他們分佈地區也相距不遠，往東約 300 公里，交通算是便利，而殷周則離這裡十分遙遠，可再思考同一緯度湘、贛之間的關係。

第二個鬲是弧襠鬲，向老師認為與江北地區的周式鬲相似，大口、短頸、足內收。但在我看來，這種鬲的器型來源其實比較清楚，在盤龍城三期已經有一模一樣的器型，一、二期的鬲也相差不遠，也就是時代早到西元前 1700 年。第三個鬲是典型長江流域的平襠鬲，只是足有點外撇，頸部有劃紋，向老師認為與鄂東南地區、贛西北地區出土的較類似。這三種不同的鬲在黃河流域出現的時間較晚，但在盤龍城文化時代的遺址基本上都有出現，所以炭河里是典型南方文化的遺址，其年代或許比在簡報上寫的更早，某些陶鬲的製造方法或許是本地先發明，我估計可能既有所吸收，亦有所外傳。可惜當時沒有做碳十四測年，年代關係難以確定。

向老師認為，除了鬲以外，簋也有不同的文化來源，並將其分為「周式簋」和「商式簋」。不過炭河里離殷周中心區域

很遠，周人用的簋或殷人用的簋不太可能直接出現在這裡，所以不知道這種比較是不是可行。另外，炭河里還發現有印紋硬陶，這無疑是長江中游的技術。這些器物都發現在中間那條壕溝的最底部，壕溝在早期廢棄以後便成了堆放垃圾之處，所以推敲使用這些器物的年代大體就是建城的年代。

炭河里出現湖南地區首見的長方形墓葬，是否代表有棺這樣的葬具？這是在炭河里首次發現，之後在高砂脊遺址出銅器的大墓也是這種形制，此外都未見。以棺作為葬具的墓葬形式、埋葬玉器、宮殿中軸線的方向等做法，在湘江流域代表什麼社會與傳統關係？為何那麼多高級別的東西出現於炭河里遺址？青銅器種類那麼齊全的原因是什麼？

從目前的發掘與調查資料看，炭河里遺址不算是非常大的城，但是周圍另有很多高級墓葬，並且在周邊地區零星出土精彩得讓人驚訝的青銅禮器，說明這遺址範圍並不小。炭河里城屬於哪一國家？它的規模多大？存在的時間多久？這些問題目前都很難回答。

炭河里的建城時代不明

在向老師講解完之後，幾位老師們有一番討論，靜云老師與向老師都認為炭河里的確是外來的政權，並採取守勢。只是向老師認為是殷商被周滅後逃難

南下建立的城，而靜云老師則認為，炭河里的發展首先在盤龍城六期，因為盤龍城勢力略下降，不能全力控制銅礦區，湘贛地區的人們加以獲得發展的機會，並開始鑄造風格獨特的青銅器。殷墟武丁時代王級墓裡出土湖南風格的青銅器，恰好證明武丁南下戰爭之前，在湖南已有非常發達的青銅文明。到了殷商武丁征服盤龍城以來，整個江西湖南地帶進入獨立發展的階段，直接參加與殷商的交易。直至武丁之後，盤龍城的勢力已衰落，但是湘贛流域的國家一直存在，經過幾次興衰起伏之後，參與組成了熊氏楚國政權。

我自己對炭河里是否為北來的殷商人建立的據點也有些疑問，那天跟同學分享和解釋我的立場。比方說，殷商用馬的習慣說明他們是北方後期的貴族，但何故要過江到湖南？其後西周政權的勢力都很難到達淮河，更不用說過長江了。又為何此地出現許多與北方不同的現象？例如，為何在青銅器中放入玉器？為何許多青銅器形式與殷商晚期並不相同，反而較接近盤龍城與吳城？為何此地的喪葬禮儀更接近盤龍城？而且長方形墓葬和棺木痕跡在石家河文化已出現，並非外來的文化因素。

另外，我仔細看炭河里出土的鼎，有幾件陶鼎

觀察炭河里仿銅鼎的陶鼎

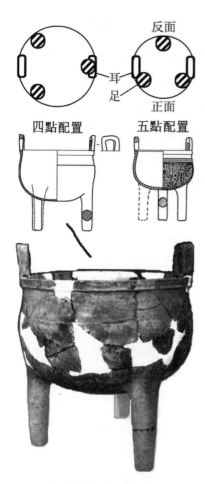

四點配置　　五點配置

耳
足
正面
反面

上：製造鼎「四點」和
「五點」配置法
下：炭河里出土仿銅陶鼎

從製造特點來看明顯是模仿銅鼎，可能是在缺乏銅料的時候做出來的。這些仿銅陶鼎有些是仿較早期青銅鼎的「四點配置形式」。簡單來說，一個鼎有三個足，其中一足正好位於一個鼎耳的正下方，從一個鼎耳作為正面看鼎，那麼鼎的三足是對稱的；但如果把一對鼎耳分列在左右邊看，則鼎的三足不對稱，這就是所謂的「四點配置法」（同一位置的足和耳構成一個點，加上其餘兩足和一耳構成三個點，共計四個點）；如果鼎有固定的正反面，一足配於兩耳之間正面的中點，而其餘兩足在反面的兩側，這樣無論從正面或反面看，耳、足都相對稱，為了有這種相對稱的視覺，兩耳、三足共五個點都均分佈在不同的位置，所以叫做「五點配置法」。

關於仿銅陶鼎的四點配置，

已有許多學者提出討論。例如張昌平老師認為，四點配置屬於較早的銅器製造形式，殷商以來發展了五點配置法。這不僅是因為美感的演化，也是配合美感的需求而使陶範製作方法有所改變。仿銅陶禮器肯定是模仿當時的銅器。若這都是殷末周初的禮器，當時早已是五點配置法大量流行的時代，仿銅陶器不太可能模仿前代禮器，應該還是模仿當代為主。而四點配置法大量流行於殷商之前的盤龍城文化時期，如果炭河里建城年代為周初，為何在仿銅陶鼎上仍用較早期的四點配置形式？因此我覺得炭河里開始年代應該早於殷商，這些陶鼎模仿的是盤龍城的銅鼎，所以這裡更加不可能是殷人在周初南遷建立的據點。希望下次發掘能取出樣本做碳十四測年。

如何偵探炭河里的年代和居民來源？

　　總而言之，對於炭河里性質的認定，我們目前有幾種不同的觀點，一種觀點認為炭河里是從中原撤退而來的殷商人所建；一如向桃初老師的看法，認為炭河里是中原南下的據點。他是炭河里的發掘者，有更多的工作經驗。而這些田野工作經驗是研究的基礎，我們應該注意向老師的研究成果；而另一種是討論的時候老師們和同學們提出的觀點，盤龍城殘餘勢力南逃後，在此建城。在此觀點上，靜

云老師更進一步認為以炭河里為代表的文化，在盤龍城時代就已有一定基礎，而盤龍城的衰亡給它二次發展的機遇。

　　若是炭河里的政權和技術都由「商人」帶來，所指的是什麼時候的「商人」呢？是盤龍城的早商人還是北方的殷商人？如果根據向桃初老師的說法，它們是指殷墟滅亡後遷來的殷商人，那麼炭河里的出土遺物中為什麼會有那麼多的本地因素，並且器型與江漢地區盤龍城文化所代表的早商時代相同？為何炭河里不見北方殷人中心地區常見的車馬坑以及北方的兵器？一路上、庫房裡，老師和同學們邊參觀邊進行激烈的討論，且聽大家怎麼說：

詩螢同學　如果所謂「商人」是指靜云老師所說的盤龍城人，至少從大多數器型的傳承上看，這一說並沒有多少矛盾。

徐堅老師　其實我有另一個想法。如果將炭河里作為商人據點來解釋，會不會它的目的是為了取得占卜所用的龜甲？所以這些人並不需要兵器。恰好炭河里遺址也沒有出土什麼兵器。

靜云老師　找占卜用的龜何必要來到那麼遠的地方？到了長江就夠了。由殷墟的青銅器可看出，殷商帝國確實與湖南地區有所來往。當殷商強勢時，殷商與南方大國網絡之間或有直接的交界地帶，因此我認為江漢是殷商向南方發展的極限，如果向南渡江擴張，則會戰線過長，不利於防守。所以長江以南不

可能有殷商的據點。

徐堅老師 確實有點牽強，不過我只是假設一個討論方案（微笑）。

俊偉同學 但是我認為，從目前對炭河里遺址的年代判斷來說，它是殷商末年才建立的城址，盤龍城最晚的七期則最多相當於殷墟二期，所以如果認為是盤龍城的人跑來此地建城，那麼炭河里與盤龍城七期之間在年代上有較大的缺環。

鈺珊同學 今天我實地到達炭河里遺址後，覺得此地位置背靠山，而面朝平原，建立此城的人們所面對的敵人應是來自平原。根據炭河里遺址的殘存城牆判斷，可能是南方特有的環壕土城，與北方河南地區城牆差距甚大，因此我也對炭河里為北方人逃亡一說存疑。

靜云老師 你們過度使用「遷移」這個概念，當時可不是現代社會，說搬家就能搬家。不屬於流動族群的人們，一般很少遷移，遷移是一件非常困難的事情。一般來說，當生活環境惡化時，人們多數還是等待來年好轉，尤其是從事農耕的農民，不可能輕易產生遷移的想法，所以漢語中出現了「安土重遷」這詞。因此盤龍城毀滅後，即使政權改變，老百姓應該依然繼續在當地過日子。考古只是顯示宮殿毀滅，再無貴族大墓，但這些證據無法說明此地荒廢，杳無人煙。現在也沒有發現盤龍城興盛時代的周圍聚落，難道盤龍城周邊沒有人住嗎？

詩螢同學 當然有。但我覺得目前長江中游不受重視，發掘

與研究都不足，導致我們還不清楚盤龍城周邊的生存網絡。武漢地區至少從屈家嶺、石家河文化時期以來，一直是人們生息繁衍的好地方。這個地方在興盛時期，人口自然增多，不但包含本地人的高生育率，也包含移入的外地人；在貧窮的時候，居民的生育率自然下降，死亡率提升，各種疾病增加，人們逐漸遷移外地，去找更有利的生活環境。人口遷移並不是一天發生，而是延續好幾代人的緩慢過程。

徐堅老師 我看炭河里城的復原，感覺有很多疑問，透過城牆的殘跡來判斷其整體面貌的方式恐怕過於武斷。

詩螢同學 我贊同徐老師所言，由於炭河里遺址的殘城牆遺跡過少，難以推斷全貌，這也是因為黃材河和塅溪流經城址內造成破壞的緣故，不知日後是否會進一步發掘，以求更加明白炭河里遺址的城牆面貌。但是由炭河里遺址的城牆環壕看來，的確類似南方地區自屈家嶺文化以來一直沿用的建造環壕土城的方式，此種壕溝兼具防禦、交通、治水以及灌溉等用途，應該是因南方多水的地理環境以及稻作農業的生活方式而形成的一種城牆，有別於北方用於軍事防禦城牆。若是殷商遺民來此，為何選擇建築一種「南方傳統」的城牆，而不是北方常見的城牆呢？若是盤龍城遺民來此，盤龍城恰好是環壕土城，這一點跟炭河里是一致的，但為什麼我們在判斷炭河里遺址年代時卻無法對應上呢？另一方面，炭河里在青銅禮器中放置玉器埋於山中的現象，以及動物造型的青銅器，都不見於盤龍城，

我們要如何解釋？所以我想：為什麼一定要以盤龍城人遷移來解釋炭河里？為什麼不考慮本地自然形成國家的可能？

立新老師　我也是不同意簡報把炭河里的年代定得晚，但還是比較同意發掘簡報依據炭河里城牆現存部分所進行的推測和復原，認為它原來的平面應大體呈圓形。按此計算大致可知這座城半徑約 210 餘公尺，面積約 14 萬平方公尺。不知大家是否還記得，我們在課堂上討論過，長江中游屈家嶺和石家河時期的城，大多都呈圓形，這是當時城的典型樣式。而且，據發掘簡報可知這座城的城牆內外兩側都有壕溝，這也完全符合我以前講過「城在水中央、水在城中央」這種類型城的情況，跟走馬嶺城、雞叫城和雞鳴城等城一樣，都屬於同一種類型，即都是內外雙重結構的城。更巧的是，目前所知這種類型的城，都在長江以南地區，可以說是長江以南地區城的典型樣式，而炭河里城也在江南。雖然目前發掘面積太少，但若憑城市結構初步判斷，我認為炭河里城應是沿續本地建城傳統，即本地屈家嶺、石家河時期的建城傳統。

靜云老師　我同意立新老師的看法，這也可以旁證炭河里的建城時代不會很晚，應該是在石家河傳統還活躍的盤龍城時代，而不是在遠離石家河時代的西周。詩螢的質疑也很有道理，基本上從很多方面來看，炭河里作為西周時代的城會產生不少疑慮。在課堂上，俊偉的報告介紹過：該地區在石家河時代突然有大量遺址的出現，我們首先要考慮這些人能不能獨立

發展出一個國家。我覺得這沒問題，炭河里首先應該存在純粹的湘中本土因素，再加上盤龍城和吳城國家網絡的影響。殷商雖有影響力，但影響程度並不高，時代也比較晚。將炭河里城解釋為殷人被周人趕走後南逃所建，這個理論似乎不太合理。

你們看地圖，安陽離長沙多遠，殷人怎麼可能逃來這裡！歷史文獻也較完整地記載殷人封宋的故事，我覺得相當可靠，可知失勢的殷人貴族實居於宋。而兩周時期的宋國領土比湖南更靠北方，位於中原地區的東部。寧鄉是丘陵山麓地帶，生活環境與殷墟差異較大。而且，在中原生活的人沒有在這兒生活的經驗，殷政權的力量也沒有像秦漢那麼強大，可以讓人跑到那麼遠的地方。其實，殷朝貴族基本上沒有遠距離遷移，它們的族徽繼續見於西周時期的青銅器上，殷周之替，只是一個權力政變而已。因此，周王將帝辛的後裔封於宋地，其它貴族或與周聯盟，或在自己的土地上繼續過自己的生活，基本上除了權力中心有所變動外，整體文化上並無大變。所以很難相信炭河里這個城邦是自殷墟逃難的人建立的。

炭河里城勢力波動的背後可能有盤龍城政變和衰退的背景，炭河里的很多器型傳承自盤龍城，但是究竟是怎麼樣的背景還需要進一步思考。當然，不能排除盤龍城的部分貴族和技術人員不接受與殷的合作而往南跑，但是我不認為炭河里是由於他們這些工匠才建國的。這是因為武丁時期殷墟大墓出現湖南風格的青銅器，這應該意味著武丁佔領盤龍城時，湘江流域

獨特的青銅文化發展已到達高潮。

　　目前看來，炭河里建城大概不會晚於盤龍城六期，並連續使用到西周。盤龍城政權在六期時有走弱跡象，可能是因為湯商王室的勢力略變弱，所以不能全面控制礦區，這使得贛江流域和湘江流域的人們獲得自力開採金屬料的條件，由此擴展獨立的勢力。此時贛江流域的吳城文化，因掌握鹽礦，本來就有經濟上的優勢。湘江流域相對貧窮，但仍有貨物可提供區域之間的交易，如木炭、建房和造船的木材、森林物產等，趁著盤龍城王室走弱的時機，也能加以利用而發展起來。

　　接下來，盤龍城被武丁佔領後，湖南製造的一些精彩青銅器流到殷墟，葬於武丁時期的大墓裡；同時有些盤龍城人包括技術人員拒絕為殷商服務，所以往南跑，其中部分人或許加入炭河里而使後者在技術和資源方面躍上一個新臺階。盤龍城七期統治者應該臣服殷商，屬於殷商侯國之類的勢力，重新建立長江流域諸國關係。此時長江上游國家（以三星堆為例）應已脫離與盤龍城的關係；而贛江流域和湘江流域組成虎國網絡的諸城邦，經過一些政變可能繼續與盤龍城來往。但是我們應該考慮的是，原來與湯商貴族合作的虎國貴族，在殷人打敗湯商時進入危急狀況，一些貴族甚至可能失去勢力、變窮，而新的貴族起來與殷商進行交易等來往。不過，到了武丁之後，殷商政權變弱，歸屬殷商政權的盤龍城七期統治者也跟著失勢，所以一方面，原本受其壓迫和約束的更為偏遠的南方某種地方勢

力趁機全面掌握長江中游的資源；另一方面，虎國在北方沒有了強勢的貿易對象，這或許引起其城邦臨時走下坡的趨勢，不過這種上下波動的情況，從目前所有的考古資料來看，還是難以掌握和瞭解其中細節。炭河里城應該含有西周時期的地層，但卻並不是在西周才建城。

另外，我們需要考慮的是，炭河里國家的權力應該被掌握在少數人手裡，所以他們能做出那麼精彩的青銅器，而其他人只能做仿銅陶器。

立新老師　那麼多關於建城時代的意見要如何解決，理清這團亂麻？我一直強調：缺乏碳十四測年數據……

梓浩同學　對！要碳十四，考古是個自然科學！

靜云老師　是的，就是自然科學，人是自然的現象，所以人文科學的學生可不能認為這輩子不用再碰自然科學了。因此，我完全同意兩位同學討論自然環境的問題，炭河里的自然環境與盤龍城有很大不同：盤龍城是寬闊的稻作平原，而炭河里是山間小盆地，生活環境基本不同。周圍山區有很多猛獸，這從器物和紋飾造型也可以看到：野豬、老虎、大象等等，盤龍城並沒有這種造型。炭河里的人應該過著農耕、貿易與狩獵共存的生活，而且這些丘陵地帶的稻作技術與大平原不相同。城邦間雖然不需要合作建設連接河流的龐大灌溉系統，但是在每一盆地都需要安排相對獨立的治水體系，雖然城址海拔為 100 公尺，但可以利用山麓沖下來的溪水和腐植質用於稻田。

左：寧鄉出土的虎食人卣（兩件，各藏於日本和法國）
右：湘中出土的象尊（藏於美國）

炭河里的
歷史應早
於殷商

詩螢同學 　我的認識也接近靜云老師的看法。炭河里的仿銅陶鼎仍屬於較早期的四點配置形式，而非殷墟時才出現的五點配置。如果炭河里時代較晚，何以仿銅陶鼎所仿的銅器卻有較早期的形式呢？如果炭河里宮殿有多次經歷洪水和重建的跡象，可以推測其存在的時間遠比想像中長久。因為同一個地方不太可能短時間內頻頻發生洪災，洪災使得居民須反覆修葺城池，而炭河里的居民卻繼續堅持居住在這麼一個麻煩的地方。如果這地方難以維持穩定生活，每十多年就有大洪水，人們恐怕不會在這種地方建國，也不會建築那麼高級的青銅器作坊。因此，我真的很懷疑炭河里的年代會晚到殷商晚期。炭河里的歷史應該在殷墟之前就已開始。

靜云老師 我可以補充一個具體的證據。在炭河里南邊兩百公里的衡陽郊區包家台子出土了水牛尊。它與殷墟武丁時期偏早的墓裡出土的水牛尊非常相似。我的筆記型電腦裡有這兩件的照片，請同學們看一下：

左：衡陽包家檯子出土的犧觥
右：殷墟花園莊東地武丁時期 54 號墓出土的水牛犧觥

　　殷墟水牛尊的發掘者劉一曼老師當時提出疑問：水牛是南方動物，為什麼在北方出現水牛造型的器物？我們仔細看看：兩件水牛尊的風格都是典型的湖南風格，在炭河里東南幾十公里的湘潭縣出土的豕尊，以及同一方向約 100 公里出土的象尊都有共同的風格。可惜收藏豕尊和象尊的湖南省博物館正在改建，目前沒辦法參觀，另外上海博物館也有一樣的尊，而且完整，嘴部沒有殘缺，原來可能是成對的。

明立同學 幾個月前深圳博物館有湖南省博物館的青銅器特展，徐堅老師帶我們去過，也展出湖南省博物館收藏的象尊。

靜云老師 那更好。大家覺得是同一風格，對吧？

明立同學 是啊！

靜云老師 湖南的發掘都較為零散，且部分青銅器的年代無法確定，還有更多的青銅器早已流到國外。但是殷墟花園莊東地墓葬的年代較好掌握，是武丁時期。婦好墓也出現不少湖南風格的青銅器，包括類似曾經在寧鄉出土的青銅器。我想問同學們一個問題。殷墟大部分青銅器傳承盤龍城風格，但是王級大墓反而有很多三星堆、吳城以及湖南的風格。為什麼？

梓浩同學 因為戰爭。

靜云老師 什麼戰爭？

梓浩同學 不知道。因為通婚？

靜云老師 誰與誰通婚？

梓浩同學 （笑）貿易呢⋯⋯不知道。

立新老師 你曾經說過婦好可能是湖南人。（笑）

靜云老師 那是開玩笑的，我們根本不知道她是哪裡人，只是發現她墓裡有很多湖南風格的東西。

詩螢同學 我有一個想法，若殷商打敗了盤龍城後，盤龍城的技術已成為殷商的囊中之物了。所以，在殷墟，有些盤龍城的工匠服務於殷人，容易得到盤龍城風格的青銅器。而三星堆、吳城、湖南在殷人勢力範圍之外，因此這些東西對他們來說稀有而珍貴，需要經過複雜的長途交易才能到達殷墟，所以只有王室才可以使用和擁有。盤龍城的東西他們已經見慣，貴族王室總是喜歡奇珍異獸，所以只有在王級墓裡才有那麼多三星堆、吳城和湖南風格的銅器。這並不是因為這些禮器隨處可

見，反而是因為少見，而被殷商貴族視為珍稀寶物。

同意。我們前面上課時已討論過這個問題。婦好墓出土了大量來自長江流域的遺物，其中包括來自湖南、四川的。我們一直以為：既然殷墟是政權的大中心，一切都是從那裡製造的。這就好像現在北京是政權中心，所有的「時尚」都在北京先出現一樣，然後才被其它地區效仿。但實際情況正好相反：因為北京是國家的首都和政權中心，它有能力把別的地方發明或製造的東西彙集到它那裡，有能力挖走最好的產品和最好的人才。現在如此，古代也是一樣。武丁時代的殷商軍力很強，政權興盛，所以殷商高等貴族可以掌握各地最好的產品：把它們當戰利品搶走、當作禮品、貢品或作為賦稅等。更進一步，除了產品之外，也許一些人才還會被強行徵用或被利益吸引到中央。就是因為如此，在殷墟建都之前，安陽這個地方很貧窮，建都以後，突然出現各地製造的高等器物。接著，殷墟興建自己的作坊，成為真正富裕和強大的中心。

的確是這樣。立新老師用北京來比喻非常準確。殷墟和北京，同樣都是外來族群在偏僻的新地方建立的新城，但因為軍事力量強大而獲得成功，原來貧窮的地方變成大都城。於是中心與偏遠之區的關係發生逆轉，原本邊遠之地成為新的中心，而舊中心卻沒落成邊緣。歷史離我們不遠，一切都是人類史，所以應該用自己的經驗來判斷一些事情的可能性。當然，受過訓練的歷史學家不能忘記時代與地域的差異，但是

有些情形始終一致，可以運用自己的人生經驗細心地評估。我們回到炭河里城的時代問題，從這些青銅器可以評估：武丁時期湖南的青銅器已出現在殷墟，那它們在湖南製造的時間不可能只從殷末起。所以詩螢的觀點應該準確，炭河里建城時代應該不晚於殷墟一期（與盤龍城六期同時），甚至可能更早。

再者，我們應該如何看待炭河里國家規模小的假設？如果它的規模很小，那它何德何能能掌握那麼多的資源，製造那麼精彩的青銅器？如果它的規模很小，怎麼可能在它周邊半徑100 至 200 公里的地區範圍都出土類似的青銅器？我們不能以城作為唯一標誌來判別國家的存在。當時的國家是不甚穩定的網絡，由幾個較獨立的城邦組成，它們之間的聯盟關係常有分合變化，但是會在一個較長時期內構成同一個文化體系。湘中地區應該不僅有一座炭河里城，應該還有其他的城邦。所以我用「炭河里」一詞實際上考慮整個區域，在這區域內，炭河里城未必是最強大，但因考古發現零散，目前只能以它為代表。

我個人認為，湘中地帶早已發展丘陵稻作技術，農獵和貿易的聚落早已出現。向南，離炭河里很近的地方有後石家河時期的岱子坪遺址，上課時俊偉曾經介紹過。我們不妨推論，炭河里族群的祖先可能是這些在後石家河時代從遊獵轉身為定居生活的岱子坪人，他們並不放棄狩獵，但同時耕田，也慢慢開始參加長江中游的貿易體系。希望湖南考古所繼續發掘，這樣才可以留意或實際評估岱子坪與炭河里之間是否有傳承關係。

說到盤龍城時代，湘中本地應該也有鑄銅技術，與盤龍城的技術基本一致。但是因為在石家河、盤龍城時代，江漢地區有很大的勢力，相比之下江南地帶發展得相對緩慢。盤龍城變弱和衰落給江南地區提供了新機會。北方佔領者經常攻擊漢水以北的地區，但卻不容易越過漢水與長江。這使得湖北地區較弱，湖南地區有了興盛的機會，使後者在原有鑄銅經驗的基礎上，進一步發展自己獨特的高級技術與美感，以此表達本地精神文化。

　　簡單說，我認為炭河里作為聚落的歷史源遠流長，從遊獵族群的定居，到半獵半農，而後發展貿易。盤龍城時代此地應該已有國家化的發展，在湖北強勢的時候，地處湖南的古國還是偏僻之地，是因為只有通過湖北中心地帶的盤龍城才能得到銅料；但自從盤龍城勢力下降又被北方游戰族群毀滅後，脫離強大勢力壓制的湖南地區能自力開採銅料並獲得快速發展的條件。在此基礎上，湘中地區出現精彩而高級的青銅文化。

　　但這一歷史也有反面：湖北勢力衰落導致湘贛人貿易對象只能是較為弱小的勢力。作為山林地帶的湖南地區能對外銷售木材建房、作舟以及其他森林資源。但是當時最強勢的殷商國家所在之地很遠，而且他們也不缺南方的森林資源，太行山、燕山、秦嶺足以滿足，所以湖南在國際貿易方面被邊緣化了。不過早商時代的國際貿易中心在武漢，湘贛地區離武漢的距離不遠，在共同的交易範圍中，所以該地區的重要性自然大。我

們進一步看地圖發現這一帶與贛中吳城文化構成一條線，這應該是生活方式相同的古國族群網絡。雖然兩區經濟資源有所不同，但優勢和不利的發展條件很相似。其實湘贛應屬於同一勢力。

炭河里或許屬於虎文明

> **立新老師** 就是你所說的「虎方」。

> **靜云老師** 是的，湘贛地區老虎的造型特別多，包括我們在寧鄉博物館看過雙象大鐃，寧鄉另有出土同樣的雙虎大鐃，還有聞名的虎食人卣等很多精采的造型。不過，用「方」字是他稱，殷周人把大國「虎」稱為「方」，是在表達這不是我的領土，而是敵國。在北方的甲骨、金文上，從殷商早期到西周早中期都有提到敵對的虎國。可見虎國歷史並不短。課堂上，俊偉、秀美都講到殷周時期的湖南地區銅器多，似乎文明很發達。不知道大家怎樣理解這背後的歷史背景呢？

在殷周時期，北方政權一直攻擊或騷擾江北地區，但由於長江難渡，因此甚少跨越到江南地區，而江南相對於江北也較為安全穩定。江西、湖南等江南地區自然環境本來就相當優良、其自然資源也十分豐富，在殷商之前已出現政權獨立的強國，與湯商有密切的貿易關

甲骨文裡說虎國

係。湯商衰落後，在殷周權力範圍到達江北時，湘贛地區也與殷周勢力發展跨江的貿易，以此讓湘贛的經濟更加富足。

我認為湘贛之區或許曾經存在著一個古國網絡的廣大體系，其北界或可跨到湖北、江蘇、安徽等江北地區。而這個古國網絡，在商周甲骨金文中被稱之為「虎方」。這些古國的統治者，原本來自山地，從遊獵的生活方式，逐步發展出石器和玉器加工業、鑄銅業，並學習製造青銅兵器，因此獲得並藉以維持其統治者身分。吳劍為什麼那麼有名？就是因為吳國是虎國的繼承者。

我認為虎國在盤龍城五、六期時文明已經發展到很高的水平，但其國家的組成與楚商不同。它們那種以貿易為基礎的生活方式，離不開競爭、戰鬥，因此吳城文化和炭河里城邦不是配合稻作灌溉和治水目的而建，這主要是軍城堡壘，因此城邦的規模不大。我們下次考察計劃要去江西，到時候可再詳細討論。而與炭河里有關的重點是，湘中與贛中是生活方式相近的地帶，都是虎國族群的網絡。同學們可以比較贛中出土的老虎和湘中出土的野豬，風格是不是非常接近？

明立同學　是。

梓浩同學　真的很神奇！這兩個青銅器的結構特別像！為什麼老虎與野豬會那麼像？

靜云老師　這是另外一個說來話長的問題，這次討論的時間較少，我們暫且不說。還是先討論虎方的空間關係。贛中地區，

左：湘潭出土伏鳥豕尊
右：新淦大洋洲祭祀坑出土伏鳥雙尾虎

因為有鹽礦資源而發展得早，而湘中地區在盤龍城時代較落後。我之前想問向桃初老師：湖北與湖南離幕阜山銅礦的距離差不多，為什麼在盤龍城強勢時期，湖南的青銅文化比較貧窮？

詩螢同學 這個問題我有問過，向桃初老師說是因為銅礦被湖北人控制著。雖然吳城也很近，但人家壟斷了銅礦資源，就是不讓你用，你怎麼辦？

靜云老師 我覺得向老師說得非常準確。盤龍城為中心的時候，邊緣地區的人很難拿到被盤龍城控制的銅礦資源。當盤龍城變弱時，邊緣地區的人就獲得發展的機會，迅速利用和控制銅礦資源。在湖南地區，商周時期的文化面貌還很不清楚，基本上是零散的發現，資料公佈較多的有石門皂市和寧鄉炭河里。從資料看，我初步認為這裡的文化似乎是楚和吳文化的結合，即半農半獵的族群（與贛中普通居民類同），受贛中吳城文化的影響，又接受楚文明中的盤龍城文化（即湯商國家）的影響。在楚文明的湯商王室走弱之後，湘中地區獲得新的發展機會而趁勢興起。

靜云老師提出了一些初步的假設，我覺得是一種較合理的思路，但是因為一手資料不足，目前只能假設。但我們可以依靠此種假設進一步搜集資料。這些問題需要更加深入的研究，但如果沒有更多的發掘資料，假設則永遠流於假設，沒有可以證實或證偽的可能性。

　　不過也許可以說，今天我們到過虎國古城之地，大陸的同學邊看寬闊的田地、起伏的山巒、城牆遺跡，邊回憶那些在深圳博物館展出過就在這裡出土的青銅器。因為湖南省博物館改建，從沒看過實物的我，只能想想曾經在書上看過的照片，以及看寧鄉縣博物館的複製品。我下定決心，三年後一定再來長沙看原物！

　　在庫房裡熱烈地討論炭河里的問題之後，向教授帶我們到二樓參觀考古所國寶室。我們看了幾件非常小的青銅器，紋飾細緻完整，技術高，但鼎壁和足都很薄，這應該可說明銅料不足的情況，同樣也能說明湘中人經常拿不到銅料和為什麼他們經常作仿銅器的陶器。

　　最後終於看到了玉器，其中包括高廟上層墓出土的大溪文化晚期的玉鉞。特別喜歡良渚文化的鈺珊學妹很驚訝：湖南地區的玉鉞比良渚早得多，說明這種器型不是長江下游發明的，而是長江中游發明的。後來，我們看了孫家崗遺址出土的玉鳳玉龍，雖然出自石家河時代的墓裡，但已經有與商代一模一樣的扉稜。這也是商文明在長江中游形成的一個證據。

▲向教授帶我們參觀湖南考古所國寶室

▶望城高砂脊出土的青銅鼎

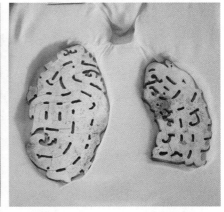

左：高廟上層 27 號墓出土的玉鉞　　右：孫家崗遺址出土石家河晚期的玉鳳和玉龍

今天大家都很興奮，討論也很熱烈。剛才參觀完炭河里後重返湖南考古所庫房時，大家就炭河里的性質熱烈地爭論了一番。晚上徐堅老師在當地著名的餐廳「火宮殿」宴請大家。梓浩同學對菜色顯然有更多瞭解，所以他的描述最為精采。

火宮殿：坡子店（摘自梓浩同學日記）

來到長沙，馳名海內外的火宮殿又豈容錯過。在長沙市內，火宮殿有 4 處，建議大家到坡子街的火宮殿總店，畢竟這裡是原址的火宮殿，歷史和民俗的味道會助長食慾。徐堅老師是有名的美食家，他把我們帶到火宮殿，當然是要品嚐最地道的小吃：臭豆腐、龍脂豬血、煮馓子、八寶果飯、姊妹糰子、

長沙火宮殿

荷蘭粉、紅燒蹄花、三角豆腐等等。對我而言，香脆的臭豆腐和入口即化的紅燒肉是印象最為深刻的。尤其是臭豆腐……那般滋味的確讓人難以忘懷。

火宮殿的臭豆腐好吃！

晚餐後關於今日見聞的師生討論會 （摘自詩螢同學日記）

飯後，在老師們的要求下，大家在餐廳內接著討論。討論的焦點主要圍繞靜云老師在考古所發表的〈從中國文明形成的背景看湖南地區的角色〉一文中的觀點，以及繼續下午有關炭河里的問題。在前一個主題的討論中，我們從二里頭文化的來源（也順便辯論我所提出盤龍城文化的定義問題）到徐堅老師熟悉的兵器問題，以及兵器能否用於斷代，最後又談及上古馬車用途等。

靜云老師　關於二里頭文化的來源，我想說幾句。
這個文化看起來並非來源於二里頭遺址所在的黃河
中下游地區，而是來源於盤龍城遺址所在的長江中
游地區，繼承長江中游的石家河文化，所以仍然保
留有許多石家河文化的特點。

鈺珊同學　我贊同。在湖南所標本室中，城頭山遺
址石家河文化標本中的一件盆，有著與石門皂市遺
址上層文化的尊一樣的扉稜，這至少可看出，以往
所認為的扉稜是屬於二里頭文化的要素，這樣的說
法可能要存疑。

靜云老師　這個發現很好。扉稜是很關鍵的指標，
商代青銅器和玉器都有特殊形狀的「扉稜」。上海
博物館的前副館長李朝遠先生、臺灣的故宮博物院
蔡慶良先生都曾經專門討論過扉稜的形狀，我也曾
做過相關的研究，扉稜含有神秘的信仰意義，表達

夔龍扉稜

禮器具有的通天作用。今天在標本室所看到石家河文化孫家崗遺址出土的兩件玉器也有扉稜，這是目前看到最早的扉稜。這些資料表明，這種信仰的傳統發源於湘北的石家河文化。

徐堅老師　可是二里頭文化的年代問題怎麼辦？盤龍城的發掘者認為二里頭遺址早於盤龍城遺址，青銅器也比較早。

詩螢同學　徐老師，盤龍城的青銅器並沒有晚於二里頭或亞於二里頭。相反，盤龍城的青銅器既早又多，而且器物體積龐大、器壁厚實、種類豐富，製造技術更高超，金屬配比更穩定。如果要從青銅器來對比兩地，我感覺二里頭，甚至鄭州都只是窮酸的小貴族，而盤龍城才是真正掌握權力和技術的中心，活像一個土豪！幾年前，範子嵐學姊的碩士論文就是比較盤龍城和鄭州的遺物，發現同時期盤龍城的東西既多又高級。我自己的碩士論文正在寫石家河、盤龍城和二里頭的關係，結論一樣，並可以看出盤龍城文化源自石家河文化。

> 誰是爺爺？誰是孫子？考古學年代方法問題

徐堅老師　我聽到你昨天的報告，是蠻有意思的，不過有些論證環節還需要補強。

詩螢同學　謝謝老師，我在碩士論文中會更詳細地討論。

立新老師 我想說兩點。首先，我們只能以已有的發現作為比較的基礎。目前黃河流域同一時期並沒有發現比盤龍城墓葬更大的貴族墓是事實，應從這一事實作為出發點來討論。從田野作業強度來說，二里頭和二里崗所做發掘遠超盤龍城，它們若真有很多東西待發掘，被發現的機率應該更大。目前所見的資料，確實在告訴我們，這個時代的中心在盤龍城。

其次，我想說一下盤龍城、二里頭和二里崗相對年代關係的方法論問題。中國考古界常用類型學方法來確定相對年代。如果是在較小的時空範圍內，如在同一文化共同體之內，其文化內部有著大體同步的生產步調和風格演化時，我們可進行細緻的類型學比較與觀察，特別是還能借助地層學依據作為直接證據時，所得出的相對年代序列是較有效力的。但是，如果類型學觀察、比較的範圍超出單一地域文化共同體的範疇，而在跨區域、跨文化的背景下使用這種方法來斷定遺存的相對年代時，就需要特別小心，因為各地的生產步調和器物風格經常並不同步。

例如：情況一，如果我們分別在同一個人 10 歲、20 歲、30 歲、40 歲等不同時期用同樣的照相技術為其作紀錄，即使不熟悉他的人看到這些照片，也能輕而易舉地辨認出這是同一個人，而且能分辨出這些照片的早晚和大致拍攝年齡。情況二，如果我們在祖父、父親和兒子 20 歲時用同樣的技術照相，最後將三張照片拿給陌生人看，在沒有任何其它可供判斷年代

的事物輔助下，看的人或許能辨認出他們長得像，卻無法完全辨認出他們誰是祖父、誰是父親、誰是兒子，甚至很可能出現把祖父、父親誤當成兒子的情況。

在上面的例子中，第一種情況頗類似於在同一個遺址內部或同一個文化共同體內部，就同一個文化的連續演化進行類型學觀察。後一種情況恰

能否依類型學認定這兩張照片的年代關係？

似在跨地域、跨文化的情況下做類型學比較和斷代時碰到的情形。在這種情況下，研究的人只能看到他們長得像，據此或許能斷定它們是否屬於親族文化，卻無法清晰說明其間的譜系。這時若有外在客觀證據告訴觀者不同照片拍攝時間的早晚，即確知不同地域、不同文化遺存之間的相對年代關係時，觀察者就可以較為容易地辨識出誰是祖父、誰是父親、誰是兒子，從而建立正確的文化譜系，掌握幾種不同文化之間互動關係的性質。所以，在跨地域、跨文化的親族文化之間進行比較時，我傾向於認為，先盡可能利用碳十四測年數據確定其相對年代關係，再在此基礎上進行類型學觀察和比較，才有可能避免將祖父當成孫子式的誤讀。在這裡，碳十四數據就好像前面例子中，直接告訴觀者不同照片拍照的時間早晚，有了這樣的知識

背景，再來看彼此間的譜系或親緣關係，就變得容易很多。

梓浩同學　　自 20 世紀 40 年代以來，以蘇秉琦為首的「中國學派」，逐步建立起具有中國特色的層位學及類型學研究方法，並以層位學和類型學這兩個輪子為馬車前進的動力。但如果一個輪子失效了，所有重量都傾側在一個輪子上，馬車註定會翻覆。在跨區域構建考古學文化的年代框架時，層位學是很難發揮作用的。如此一來，構築跨區域的年代框架時，馬車的重量完全傾側在類型學這一側，獨輪難行，弄不好就要翻車！

立新老師　　梓浩說得挺好。以盤龍城、二里頭和二里崗三個親族文化為例，通過器物比較，不少前輩學者為他們建立起了一套類型學的邏輯關係。但因為地區不同，他們之間無法建立起直接可以用於比較的層位關係。在以往諸多夏商文化研究中，受中原中心觀的影響，研究者總是習慣性地從中原看四方，不論相隔有多遙遠，都將考古資料往中原拉，以中原為標尺來量周邊所有的文化。這樣一來，研究者無形中將以鄭洛中原為王朝中心的意識形態當成一個既定的歷史事實，而認定地區之間相似的文化因素一定先在鄭洛中原地區出現。而在鄭洛中原地區，在一元的王朝史觀主導下，一定要將可能同時並存的多元主體納入到先後有別的單線歷史框架中。這使得考古區系類型學研究，特別是年代學研究所得出的結論，經常帶有意識形態和先定論色彩：在這種研究範式中，一定會將鄭洛中原地區考古遺存的相對年代定得早，而將周邊地區同類遺存的相

對年代主動拉晚以配合中原中心觀。如果我們以碳十四為基礎重建各地青銅文化的實際年代，並以絕對年代框架為前提，來觀察各地器物的演變規律，再從這種規律中探尋兩地文化的關係，那麼展現在我們面前的，一定會是一幅與以往只從中原看四方完全不同的歷史發展圖景。我們可以看到，盤龍城的年代絕對不比二里頭晚。我們上課已經看過資料：盤龍城的二期大體相當於二里頭一、二期。

南、北兵器的流動之謎

徐堅老師 是的。這對考古學是很大的挑戰……

靜云老師 我想問一下徐老師，您是研究兵器的專家，怎麼看兵器能否用於斷代？在盤龍城七期時出現了許多草原類型的非本土兵器，例如帶雙後翼的鏃，以及卷首刀，由此可以看出這一時期發生了草原民族的入侵，並且在殷墟以前，這類兵器曾出現於夏家店下層文化，故而可知其傳播路線。

徐堅老師 我認為兵器無法作為斷代之用，因為同一文化中可能會使用不同文化的兵器，而且兵器是功能性器物，若人們認為實用則會持續使用同一器型，所以無法分析其類型，不應該包含固定的時間和空間的意義。反而陳列用的兵器因不具實用用途，才有較明顯的文化屬性，而可用來分析。

詩螢同學 我覺得兩位老師說得有道理。盤龍城雖

然有許多不同種類的兵器，但是其兵器種類最多的時期其實是在七期，可能涉及到外來的因素。兵器的流動率確實很高，一旦這些兵器被使用，就有可能也被敵人拿去利用。但無論如何，如果長江流域出現來自草原北方系的青銅兵器，應該表明有些拿著草原兵器的人來到了盤龍城，或者是盤龍城人出戰時遇到了這些人並帶回他們的兵器。同時，殷墟二期也可以看到很多來自南方長江流域的器物，說明可能發生南方人攻擊殷墟的情況，又或者是殷墟的軍隊從南方帶回來了戰利品。我認為，不太可能是盤龍城人攻打北方，應該是與「武丁伐楚」有關。所以盤龍城七期開始出現大量的北方兵器，這應該是當時殷商組織的軍隊南下攻擊盤龍城的證據。

鈺珊同學　若功能性器物的形制符合實用的需求，則不易改變器型，那麼為何很多兵器的器型還是會改變呢？

詩螢同學　鈺珊學妹所問的問題很有趣，基本上在殷商以前，長江流域的兵器沒有大的改變。直到殷商之後，長

火宮殿裡師生圓桌論壇

江流域的兵器才有較大變化，出現源自草原的兵器。
為何原本實用的兵器在這時期出現較大的改變呢？
我認為難以解釋為人們覺得草原的兵器實用，於是
南方的軍隊也爭相效法。這背後的原因，或許就是
靜云老師所說的草原民族入侵現象。靜云老師，請
問根據您的研究，在殷商時代的戰爭中，馬車到底
有甚麼關鍵作用呢？

馬車拉動的殷商帝國

靜云老師　這牽涉到馴馬、戰車、騎兵三個先後不
同的階段。在最早的階段，馴馬只是為了食用，當
然養馬群的人們也會騎馬，否則管理不了馬群。哈
薩克斯坦草原曾發現有簡單的騎馬用骨製馬具，在
養馬作為肉奶食物來源的同時，人們發現馬作為交
通工具的便利性，於是發明以馬拉車，在戰爭中運
送輜重。騎兵的出現比人們最早開始騎馬還要晚得
多，要等重量較輕的鐵製兵器出現後，草原的游戰
族群才發展出騎兵戰爭技術。在殷商時期，馬車是
與馬匹一起作為戰爭工具，為殷商貴族所擁有。

徐堅老師　我認為早期無騎兵是由於馬鐙設計不
良，無法穩定控制馬匹，因此無法用於戰爭。

靜云老師　這也是相當好的說法，我贊成。

徐堅老師　不過殷商的馬車並非戰車，馬車做為權
力的象徵且主要用於儀式，是因為當時的馬車重心

過高又是木製輪子，過於顛簸。而馬車會做為權力象徵主要是因為可在戰爭中發揮衝亂陣形的作用，但是在實際的戰爭應該較少使用馬車。

鈺珊同學 若是馬車很少實用，那麼無法解釋為什麼它能夠作為重要的權力象徵而用於陪葬，因此我認為應該仍是有著實用的用途。

詩螢同學 馬車應該在實際戰爭中有用途，否則為何傳世文獻對馬車如此重視？但馬車在戰爭中實際可以起到什麼作用，我認為還有討論空間。畢竟，目前無論是文獻或是考古證據，都難以說明殷商戰爭中馬車的用途，但可以肯定的是，目前中國最早的馬車只能追溯到殷墟時期，馬車作為新的事物進入中國必定會對本地造成影響，但造成什麼影響？影響多大？我認為這還不能確定。

靜云老師 我認為影響非常大！馬車是革命性的戰爭工具。雖然當時馬車不多，但對當時的戰爭已有決定性的影響，使本土的農牧民為之驚恐。當時，馬車最關鍵的作用，在於出兵時可以多備兵器和軍糧，符合游戰族群遠征目的。馬車的使用，確保了軍隊兵器、軍糧不竭的獨立性，與沒有馬車的古國軍隊勢力相比，游戰族群也因此具有明顯的優勢。當時中國境內沒有哪一個原生古國認識馬，更不用說將馬車用於戰爭。如果只用步兵，步兵出去攻打敵人時，他們所能運送的輜重太少。如果今天攻城失敗，那麼第二天就已經面臨彈盡糧絕的困境，也

就只能偃旗息鼓，打道回府。但是掌握馬車的族群善於遠程戰爭，不怕一時的失敗，可以幾天、幾個月圍攻對方的據點而軍糧不竭。糧草一旦不足，他們還可以快速地利用馬車運輸補給。若他們戰勝後，還可以通過掠奪敵人物資而實現馬車的再補給，繼續行軍作戰。當時沒有取得這種力量的農耕古國，是無法面對掌握馬車的游戰族群。因此殷商軍事集團通過建立軍事權威，而在中國之地首次建立上古帝國。

　　大家討論得相當熱烈，不知不覺間夜色已深。餐廳的服務生們也開始收拾，雖然我們還想繼續討論，但因為明天還有行程，所以老師們便領著我們踏上了歸途。夜晚的市區不復白天時的喧囂，多數的店家都已經打烊，只剩幾家店仍開著燈。原本因為來到市區裡興奮地想要逛街或者買零食的女同學們也都倦了，大家三三兩兩地聊著天，或者繼續剛才的討論。我覺得這次討論是很有意義的，能夠有個時間讓大家整理自己的想法，並且對所見所聞進行思考和直接的碰撞。雖然有的問題並沒有得到解決，老師、學生所持的觀點也未必一致。但我們互相分享了一些心得，並發現了更多可以研究的問題。聽老師說，之後幾天還會辦幾次同樣的討論會，真讓人期待之後再有如此熱烈的討論！

8月3日　天晴 ☀

爬山和學漢禮

（摘自梓浩同學日記）

今天天氣晴朗，微風，最適宜登高遠眺，一覽眾山。恰好今天上午的考察地點是西漢時期長沙國城牆和王陵，順便也滿足了我想登山的願望。徐堅老師是長沙人，今天由他和長沙市考古所的老師帶領。對我來說，看漢代的遺跡比較輕鬆，頭腦可以休閒一天。剛下大巴士，身上便感覺到陣陣熱浪洶湧而至，猛烈的太陽光燒灼著身上每一吋裸露的肌膚。然而，相比起考古田野發掘時需要承受的揮汗如雨，烈日暴曬，這裡的熱浪與陽光對於「久經沙場」的我而言只不過是小菜一碟。

徐堅老師鏟探長沙古城牆

連續跑了幾處王陵，也登了幾座山頭，雖都是人工的山陵，但是高得很，大家爬（趴）著早已汗流浹背。于薇老師一邊喘著氣，一邊喊著：「不行了，我不能再往上爬了，我在這等你們吧！」可是，話音剛落，她又跟上來了，看來考察的熱情是可以化作行動的燃料，順便還能燃燒一下

西漢時期長沙國王陵人工山很高！流汗「趴」山……

體內的脂肪，一舉兩得。過了一會兒，我們剛參觀完長沙王后「漁陽」墓，長沙市所的老師就給我們挑來了幾個西瓜。看到墨綠的西瓜，柏熹按捺不住要表演空手劈瓜的絕技，「啪」的一聲，西瓜立馬露出嫩紅的果肉，淌出了西瓜汁。過了一會兒，幫忙挑瓜的阿姨才把西瓜切好，夥伴們就一哄而上，迫不及待地要咬上一口。因為沒有椅子，我就蹲在地上「呱哧呱哧」地啃著。那甜甜的瓜汁塞滿每一個牙縫，流到口中每個角落，再滑入早已乾渴難耐的喉嚨，清涼之感頓時襲來，這就是考察路上的小確幸啊。我一連吃了四、五塊，把肚皮都撐脹了，西瓜汁順著嘴角，手邊，滴到地上，連成了一片「汪洋」。一旁的柏熹和麗霞偷偷笑我的吃相像極了「民工大叔」，明立又靈機一動，用相機記錄下了這個精彩瞬間。

柳下暫歇

上午的行程到此結束，午餐大快朵頤後，稍息片刻，於長沙舊城內徐行散步，觀白沙古井，不久便行至長沙簡牘博物館參觀，同學邊讀秦、漢、吳簡，邊模仿文人造型，學習

長沙王后漁陽墓邊吃西瓜

漢禮。參觀至三點多，徐堅老師突發奇想，提議不如我們當一回壞學生，偷偷溜出去。我心想，每次外出發掘也好，考察也好，總會給自己爭取一些「福利」。所以，學了考古這麼些年，「蹭」過的名山大川，風景名勝也有不少了。既然這次考察路經長沙，那怎麼能不蹭一蹭嶽麓山呢？於是爽快答應。其他同學也玩心大起，一行人就悄悄地來到了嶽麓山下。

既然要到嶽麓山，第一站當然是參觀「四大書院」之一的千年學府——嶽麓書院。但剛到書院門前，我便氣上心頭。因為門前兩側寫著神氣的八個字，「唯楚有才，於斯為盛」。這八個字中滲出的那種傲氣，實在讓我這「百越」後裔心有不甘。但是，朱熹曾於此開堂會講，再看看由宋至清從嶽麓書院走出去的名人，其中有些是我十分崇拜的人物，如主張經世致用的王船山、團練湘勇打敗太平天國的曾國藩等。由此可知，嶽麓書院並非浪得虛名。聽說向桃初老師就在這嶽麓書院中授課，我腦

學習漢禮

海裡馬上出現了一個場景：向老師掛著絡腮大鬍子，穿著漢服，一邊捋著鬍子，一邊講著寧鄉炭河里的重大發現，師生間時而談笑風生，時而慷慨激昂。靜云老師也在這座讀書人的聖殿中講過課，真讓人羨慕。

書院佔地面積達二萬一千平方公尺，主體建築有頭門、二門、講堂、半學齋、教學齋、百泉軒、禦書樓、湘水校書堂、文廟等，這也是目前中國現存規模最大，保存最完好的書院建築群。各部分建築內，保存著大量碑匾文物，包括明刻宋真宗手書「嶽麓書院」石牌坊、康熙御賜「學達性天」匾，還有「忠孝廉節」碑、「整齊嚴肅」碑等。而其中最讓我敬佩的是「嶽麓書院學規」：「時常省問父母，朔望恭謁聖賢，氣習各矯偏處，舉止整齊嚴肅，服食宜從儉素，外事毫不可幹，行坐必須齒序，痛戒訐短毀長，損友必須拒絕，不可閒談廢時，日講經書三起，日看綱目數頁，通曉時務物理，參讀古文詩賦，讀書必須過筆，會課按時蚤完，夜讀仍戒晏起，疑誤定要力爭。」若今日之大學生，人人以此為戒，立此規於課桌之旁，守孝道，敬先賢，正言行，慎交友，惜分秒，勤於學，爭朝夕，多讀書，何愁我中華不強盛！若有志為學者，人人做到實事求是，疑誤力爭，何愁自由之思想與獨立之精神不與天壤而同久，共三光而永光。

參觀完嶽麓書院，我們趁著暮色順山而上。步至半山，徐堅老師和于薇老師突發奇想，提議去找找丁文江墓。原來，嶽

麓山上有不少近現代名人墓，而丁文江墓是其中之一。

我們上午參觀的長沙王陵區也算是嶽麓山系的一部分。丁文江是中國的地質學科奠基者之一，估計這也是大多數人問「度娘」（編按：百度搜索的萌化形象，有事問「度娘」，意指用百度搜索引擎搜索）就會知道的信息。而丁文江與中國現代考古學有著千絲萬縷的關係，則需要多問下「度娘」才可能知道。首先，最早發掘河南澠池仰韶村遺址的安特生，坦言自己從地質研究轉向考古調查，與丁文江與翁文灝支持調查地質同時調查人類遺跡的決定密切相關。其次，是丁文江說服李濟放棄南開教職，奔赴考古田野的一線，與美國弗利爾藝術館的畢安祺（Carl Whiting Bishop）合作發掘西陰村；也是丁文江推薦李濟任職於清華大學國學研究院，使他與「四大導師」同台執教；後來也是丁文江把李濟介紹給傅斯年，使傅的史語所能完成「上窮碧落下黃泉」來尋找史料的理想。光憑這幾點就足夠說服我爬上這往返的八百個臺階，並在他的墓前深深地鞠一躬。

然而，這八百多個臺階似乎是壓死駱駝的最後一根稻草，引出了我們考察一整天後身心俱疲之感。拖著又累又渴的身體，好不容易撐到了飯館。今天是好文雅的一天！但我還是不夠文雅，迫不及待地向服務生要了 4 瓶啤酒，平時不太喝酒的大家竟然瞬間喝完，於是乾脆改叫了一打啤酒。不一會兒，酒足飯飽，借著微醺，哼著小調，在月明星稀的夜路上，老師同學並肩而行，此樂何極！可惜少了幾個燕趙豪客，不然那迴盪於山谷之間的爽朗笑聲必然是今天的完美句號。

8月4日　天晴 ☀

在萬年的時空交錯中
討論湖南

（摘自詩螢同學日記）

今天的行程稍有調整，原本以為會依照計劃前往馬王堆漢墓遺址與長沙銅官窯考古遺址公園，但是考古所建議我們直接前往銅官窯省考古所基地去看新出土的資料。感謝他們的安排，使我們今天能看到、摸到那麼多精彩的發現。鈺珊學妹還沒有習慣田野，因為連日的考察而略顯疲態，昨日就因身體不適提早返回旅館，能夠在室內活動是再好不過的了，外面的大太陽以後會慢慢適應。

銅官窯基地是湖南省文物考古研究所新落成的一處整理研究基地，我們由向桃初老師與趙亞鋒老師帶領前往參觀該基地所保存的出土遺物，其中有許多是剛出土不久、還在整理的新資料。在這看到的遺物，年代橫跨萬年，上至舊石器時代，下至三國。在老師們的帶領下，我們從年代最晚的兔子山遺址開始看起。

兔子山：橫跨六百年歷史記錄的古井

來湖南考察前幾天，益陽兔子山遺址的古井剛出土了很多簡牘，就好像湖南的土地給我們的禮物，讓我們看剛挖出來的簡牘怎麼保護、怎麼整理。

兔子山遺址的簡牘剛從土中取出，正在清潔，還沒開始整理。但負責整理的古文字專家張春龍老師很親切地為我們介紹該遺址新出土的簡牘。兔子山古井挖出的簡牘包含從戰國到三

國時代吳國的簡牘資料，但為什麼跨六百年的簡牘文獻會埋在一起呢？這相當於從明初到現代年代跨度那麼久的文獻存在一起，而且寫的內容好像很零散，有什麼內在關係使這些簡牘同埋，這一文獻庫是怎麼來的呢？張春龍老師也不得其解。

我們在歷史中無法理解的問題遠比能夠理解的多得多，如同兩位郭老師常說的：「看到問題比解決問題還重要……」我同意兩位老師的觀點，只有看到問題後，才會有興趣和動機，積極、主動地去尋找答案，才會思考很多可能性，產生更多疑問。這些問題未必能馬上能得到絕對的答案，所以，好的學者除了有問題外，還應該勇於承認——在很多方面自己其實並不知道答案。

張春龍老師準備整理剛出土的兔子山簡牘

這些簡牘大部分是漢代的，但也有秦簡，也有一些是戰國時代的楚簡，以及三國的吳簡。既有竹簡，也有木簡。對簡牘有興趣的師生們熱烈地向張老師提問，靜云老師和幾位學生集中看最早的資料，試讀楚字……我對秦漢簡牘並不怎麼瞭解，就隨意地看看。

　　整理簡牘的房間乍看之下像是理科教室，中間擺了幾張並置的方桌，一旁則擺著鐵櫃和架子。但不同的是桌上和架上並非放著實驗儀器，而是放著裝了水的方盆，清理乾淨的簡牘就靜靜地沉在水中，方盆表面蓋一層玻璃以保護。簡牘上的字保存良好，清晰可見，而且字體相當工整漂亮。漢簡由於使用隸書，不需另外隸定，因此不像楚簡般難以讀懂，基本上只要文字保存良好都可輕易閱讀，但若要加以研究則需要熟知漢代文獻及歷史背景，以及對秦漢簡牘研究有基本瞭解，並不如想像中容易。

　　至於為什麼要把簡牘放入水中呢？這與木器的保存有關，梓浩說中國考古界流行一句順口溜，「乾千年，濕千年，半乾半濕五十年」，說的就是有機物僅能保存於極濕或極乾的環境，南方出土木器需要在極濕的環境下保存，因此發掘出土後最簡便的保存方法就是泡在乾淨的水中，否則不久後就會因過快脫水而乾裂翹曲。如果曾注意過博物館保存的簡牘，可以發現某些細長簡牘保存於含溶劑的試管中，這是一樣的道理。

從新石器的精美禮器一路爬到舊石器石片

傳達獵民
世界的千
家坪陶器

看過簡牘之後，我們前往另一個房間參觀尚在整理中的千家坪遺址的陶器。千家坪遺址距今約7000至6000年，也就是說我們從一個房間到另一個房間竟有五千年的距離！千家坪遺址位於湘南桂陽縣銀河鄉，湘江上游的支流春陵江旁，是山麓丘陵地帶，從文化面貌來看，屬於新石器時代高廟文化的遺址，陶器以紅陶、白陶為主，幾乎都有紋飾，紋飾與高廟遺址所發現者極其類似，包括八角星紋、鳥紋、獸面等。這些人主要以漁獵為生，出土許多大型動物骨骼，如熊、鹿、牛、野豬等。該遺址的許多陶器已經修復完成，正在拍攝相片，我們一行人魚貫而入時，整理人員尚在工作，負責人尹檢順老師說千家坪遺址可能比高廟遺址還略早，而且陶器上鳥紋特別多。

▲千家坪遺址出土的鳥紋陶片

▶千家坪遺址出土的鳥紋白陶禮器

尹檢順老師大方地讓我們碰觸陶器，或者拿起來觀察。高廟文化的陶器都相當漂亮，千家坪遺址也不例外，聽了尹老師的話後沒有人不感到興奮的，膽子大些的同學立馬就拿起了修復好的陶器欣賞。我比較粗心，很怕一不小心把陶器給碰壞了，只敢在同學們拿起時跟著瞧瞧，或者用手指輕輕碰一下。

高廟文化的陶器紋飾繁複獨特，之前在閱讀相關的考古報告時，僅是看照片就印象深刻，近距離觀看實物更讓我忍不住讚歎其紋飾之華美。身為現代人的我們僅僅覺得紋飾「美麗」，但不懂得其內在表達的深層含意，但在昔日，這些紋飾不只是為了「美」或者「藝術」而創造；許多在我們看來像星星、太陽、笑臉、英文字母的符號，在當時所代表的意義大多與我們聯想的相去甚遠，甚至不同文化間相似的符號可能分別代表著不同的意義，也有些與信仰有關。因此在探討古代紋飾時不能不小心謹慎，多方比對分析，溯其脈絡，以免落入了現代思維的圈套中。

立新老師取了幾件帶「獸面紋」的陶器，對我們說明他分析後所認為該紋飾的意義。靜云老師覺得「獸面紋」其實可能與對野豬的崇拜有關係。

或許因為我們在千家坪遺址整理室開心興奮的模樣感染了帶路的老師，他們提出可以讓我們看看以前發掘過、整理完成的其它文化的標本。於是我們幸能額外看到金家園、高廟等遺址的標本。這些陶器和方才見過的千家坪遺址一樣，以紅陶、

千家坪遺址出土的神獸面紋白陶禮器

白陶為主，並且有著漂亮的紋飾。

　　鈺珊學妹看到如此漂亮的白陶禮器，不停地讚歎。柏熹這幾天拍照已經拍到麻木了，動作和表情都像個機器人一般冰冷，彷彿再美妙的精品也勾不起他的興趣。我則是情不自禁地捧起一個高廟遺址出土的白陶禮器。驚訝於其輕巧之餘，仔細地欣賞著禮器上精美且複雜的紋飾，一不小心就看出了神。

看到高廟陶祖！

　　等我回過神來，卻發現柏熹變得十分興奮，與先前冷冰冰的模樣簡直是判若兩人。我靠近一看，原來他在高廟遺址的標本中發現了他最喜歡的「支座」，而且，這些支座的形式十分特別，有的支座頂部還有穿孔，明顯是與「男根」崇拜相關；有的長得像蘑菇形，形狀也與男根幾乎沒有差別，同樣應該是一種象徵生命力量的禮器。同學們都在笑柏熹是「生殖器（新石器）時代」專家，柏熹也許還不知道同學們滿堂哄笑是因為他的「港式國語」，

高廟遺址出土的陶「支座」禮器

他依然一邊用「港式國語」向我們宣傳他看到的「生殖器（新石器）支座」，一邊激動地開啟 360 度無死角拍照模式，好像要用相機把這些支座搬回家。

可是，參觀的時間有限，著急想拍到更多器物的梓浩把柏熹推去拍湯家崗遺址的標本。從千家坪、金家園、高廟遺址的山地陶質禮器，到湯家崗的平地陶質禮器。雖然同樣是白陶和紅陶，但上面的紋飾卻把我們帶入了一個完全不一樣的世界。

湯家崗平地農民製作的白陶，紋飾的節奏很有規律，但不能簡單地說這比高廟的紋飾簡單，這明顯是另一種複雜。靜云老師和立新老師認為湯家崗這些很有規律的白陶紋飾與表達曆法有關係，而曆法則是平地農民精神文化的基礎。我也有同感，看著這些白陶上的「八角星紋」，感覺就蠻符合的。但是，若要仔細讀懂它們的含意，那可是超級困難

由湯家崗白陶看農民的精神世界

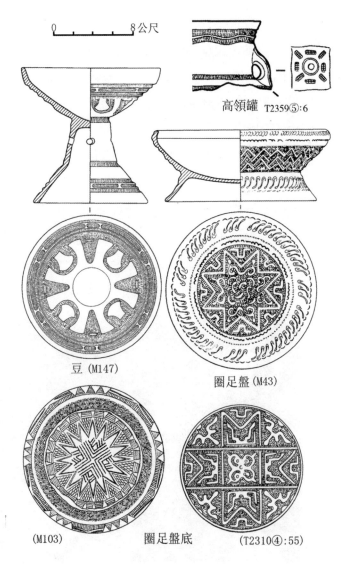

高領罐 T2359⑤:6

豆 (M147)

圈足盤 (M43)

(M103)　　　圈足盤底　　(T2310④:55)

湯家崗遺址白陶禮器

的事。我恨不得有一台時空機，可以幫我穿越到7000年前，親身回到當時生活的背景，也直接和湯家崗的白陶製作者對話一下。不過，即使我穿越回去，大概也不會說他們的鳥語，還是只能從他們的生活環境中去思考。

回到九千年前

我們跟著老師走進下一個房間，時鐘撥回到距今9000多年前。這裡擺放了彭頭山文化杉龍崗遺址的出土器物——它們都是2011年到2012年的最新考古發現。其中，不少出土器物都是彭頭山文化早中期的，尹檢順先生向我們逐一介紹，這時看到一旁的柏熹眼睛又亮起來了，不用說也知道他再度發

9000年前的支座禮器：尹檢順老師介紹臨澧縣杉龍崗遺址的新發現

現了「生殖器」，興奮地向老師和尹先生彙報，認為這是從彭頭山文化以來，萬年相傳的陶祖崇拜。老師們鼓勵他可以深入研究，把整個脈絡梳理清楚。我也仔細地觀察了一下這些所謂的馬鞍形支座，發現這些支座上有奇怪的鏤空，感覺也不太可能用來支撐炊具。柏熹的研究說不定會很有趣，而且是個大發現呢！

調皮的梓浩開始亂開玩笑，他說澧陽平原的地名，只要有「山、崗、壋」這幾個字眼的，一定會有彭頭山文化的遺物。一旁的靜云老師卻說這不是開玩笑，而是澧陽平原的實際情況。這些被後人叫作山、崗、壋的地點，實際上就是澧陽平原的小崗地，是適合早期先民居住的山前崗地。所以，在澧陽平原叫這些地名的山前崗地，往往有新石器早期彭頭山文化先民的活動。雖然，老師在課堂上解釋過澧陽平原的小崗地為何宜居，但我仍覺得很疑惑。因為我在臺灣登過的阿里山和玉山，都是高聳峻峭的山，怎麼澧陽平原叫的「山」竟成了山前崗地呢？而這些山前崗地在澧陽平原是不是真的這麼特別呢？這一切都像是一個謎縈繞在我的心中，我已迫不及待想到澧陽平原一探究竟了！

| 抵達舊石器時代 |

終於爬上了頂樓，來到了舊石器時代的世界。

這裡充分地滿足了我對那個久遠狩獵時代的幻想。現場整理的方式也十分有趣，在地面上用粉筆劃好多方框來代表一個探坑的某一層位，然後在此基礎上，把石器分門別類。鈺珊最後一個進門，有密集恐懼症的她受不了地上密密麻麻的石頭，尖叫著轉身出門。可惜她沒有仔細看，不然她會發現這密密麻麻背後，整理和分類井井有條。我並沒有研究舊石器時代考古學的經驗，所以從我的眼睛看來，自然分不出來哪些是天然的石頭，哪些是被加工過的石質工具。柏熹是石器專家，耐心地向我們一一解釋，後來尹老師也來幫忙，講了很多故事，可惜當時沒有錄音。這條上下貫穿了萬年的路線使我的頭腦有一點混亂，銅官窯整理基地活像一本湖南考古學的萬年教科書啊！

湖南出土舊石器時代人的工具

爬完萬年路，沉入迷迷糊糊的午夢

　　看標本的時間過得特別快，也許是腦子裡懷著疑問的關係，不知不覺已到中午，吃過了午飯後，老師看著睡意上湧的學生們說，可以去銅官窯基地的休息室放鬆。老師前腳剛走，我們就像是從大人旁邊溜走的小孩，原形畢露。我一邊嘀咕著「好累啊！」「好想睡覺啊！」一邊搖搖晃晃地跑去佔個沙發，趴在桌子上午休。鈺珊學妹和麗霞同學則跑去借了茶葉和茶具，熟練地沖了一壺烏龍茶，嘻鬧著談天說地。有的人聞到了茶香，索性不睡了，拿起茶杯加入了他們的聊天行列，彷彿此時不是待在考古基地的休息室，而是身在茶館一般。看著他們開心的樣子讓人忍不住也想加入，但我實在是太累了，一靠上桌子就一動不動，他們說話的聲音彷彿搖籃曲般，我懊惱地想著自己實在缺乏鍛煉，但實在難敵困倦，不知不覺間就睡著了。

　　等到醒來的時候，發現原本只有我睡著的這桌圍滿了同學，熱鬧地談著盤龍城相關的話題，看到他們那麼熱衷於學術，而我卻只管睡覺，真是令人汗顏，尤其是在爭論不休時還說著：「問問靜云老師或者等詩螢睡醒問她吧！」就覺得負責作盤龍城報告的我，居然沒有參與討論，實在不應該呀！雖然很想跳起來說：「我已經醒來了喔！」但怎麼想都覺得，在不瞭解前因後果的情況下，突然插話一定很奇怪，而且我睡得迷

迷糊糊地，平常就很不會說話的
我，在腦子一團混亂的狀況下，
就更不能清楚地表達觀點了，所
以我想了三秒鐘之後決定繼續裝
睡！結果就是等到話題告一段
落，我假裝剛睡醒想加入話題
時，已經差不多要開始下午的座
談會了。

裝睡到底！

8月4日長沙湖南文物考古研究所學術論壇

主持人：郭靜云老師
議程：
趙曉華：西漢長沙王陵的考古調查與收穫
張春龍：益陽兔子山遺址考古發掘簡介
高成林：沅、澧水流域楚漢古城調查──兼論戰國末期的秦楚分界線

　　趙曉華老師首先演講〈西漢長沙王陵的考古調查與收穫〉，讓我們多瞭解昨天考察的內容。他首先為我們介紹漢代長沙王世系的歷史背景。長沙國由開國功臣吳芮受封建立，是西漢開國的七大諸候國之一。疆界約為現在的湖南地區。共

十三代、十四王。接著，趙老師對目前長沙王陵考古工作進行回顧，以及說明目前的保護計劃，準備將陵墓較集中的穀山區域規劃為考古公園，並且開始著手建立考古 GIS。

我聽到設立考古公園保護的事情，就想到昨天前去實地參觀同屬長沙王陵的廟坡山時，老師們討論 2000 多年著名的陵墓曾多次吸引盜墓賊來找珍寶。盜墓賊自古就有，山上可見被填回的盜洞像是傷疤一樣提醒著我們盜墓賊的入侵，著實令人心痛。盜墓賊所破壞的任何遺跡都是獨一無二的，所以保護工作比研究還重要。

接著是張春龍老師演講〈益陽兔子山遺址考古發掘簡介〉。兔子山是一處由楚漢到宋朝的古城址，這批簡牘都發現在城內被廢棄的五座水井裡。張老師通過現階段的考古工作發現，兔子山遺址曾是楚、秦、兩漢、三國吳各朝的縣衙，簡牘有刑事簡牘、司法文書、吏員管理等，也有提到長沙國王。簡牘很多，需要多年時間來整理和解讀。

可惡可恥的盜墓賊伸出魔爪

最後由高成林老師演講〈沅、澧水流域楚漢古城調查——兼論戰國末期的秦楚分界線〉。這項工作緣起於整理《里耶秦簡》時，發現了許多縣一級的地名，

將這些地名與《漢書》對照後，才知道這些地名多數在秦代，甚至在戰國時期就存在了。例如，遷陵、辰陽、澧陽、零陽、沅陵、索、義陵等等，甚至連鄉的地名都維持至今，張老師的報告中兔子山遺址的簡牘裡提到的一個鄉名，也延用至今。另外，還有一些古村的名字在文獻記載中的年代，有時確實是該村落附近遺址的年代，如白公城、申鳴城、宋玉城、司馬錯城、張若城等等。近年配合秦簡閱讀進行調查和發掘，確定了遷陵是秦代的縣城，即今日的里耶古城；沅陵窯頭古城則確定為漢代的沅陵縣城；常德索縣城、漵浦義陵城因附近有大量的戰國秦漢墓，應該是秦漢時期的索縣城和義陵縣城。至於在里耶秦簡、岳麓書院秦簡和張家山漢簡都有記載的「醴陽」一地，應該就在今天的「澧陽」。

另外高老師分享很多他近年考古調查與文獻閱讀的心得，讓我們感覺到從地下史料到紙上史料互補研究的優勢。例如，他認為里耶古城所設立位置偏僻，應該是因為里耶為戰國末期楚國西南的一座邊防城市，為了抵抗溯烏江而上的秦軍而設。到了西漢以後，此一功能就消失，遷陵縣城遷到四方城。而另兩個位置同樣偏僻的古城崗城、石門古城堤城也是相同的軍事性質邊城，用於防止鄂西的秦軍進攻。高老師曾實地考察古城堤城發掘的兩口井，年代都不晚於戰國，漢代的時候已經廢棄，可證明他的想法。除了城址調查外，澧陽平原的楚墓與湖南境內其它地區的楚墓在文化面貌上存在很大差異，但與江陵

地區比較接近，可能表明這個地區當時已被秦人佔領。所以澧陽平原的古城崗城、石門古城堤城，應該是做為軍事用途。

高老師因長期從事一線的田野工作，所以對考古資料、歷史文獻和出土文獻資料都十分熟悉。通過結合歷史地理與考古資料，高老師認為秦的南郡是由西元前 278 年白起拔楚地加上秦黔中郡未被楚奪回的剩餘部分組成，包括巫、秭歸、夷道、孱陵、醴陽五縣，並可以斷定醴陽即戰國末期秦國最南的一座城市，與之對峙的楚國邊城即澧縣古城崗和石門古城堤城。這裡就是戰國末期的秦楚南部分界。

聆聽三位老師演講後，師生們進行了熱烈的討論，俊偉學長因對歷史地理很感興趣，所以討論得很愉快，而我則只能在旁邊聽聽，但多年學習歷史的背景也讓我覺得師生間的討論很有趣。柏熹的相機在一旁閃個不停，各位學霸們努力地記著筆記，生怕漏掉了一絲重要信息。各位老師同學也滔滔不絕地發言和提問，直至日落西山，仍未停歇，後來更是把討論的舞臺搬到了飯桌上，一邊吃飯一邊討論。我品嚐著長沙佳餚，心想：學霸們大概是不用吃飯的，今天從下午到晚上連續轟炸不停的學術盛宴就足夠餵飽他們了。

走到室外，漆黑小鄉村的夜空滿天星斗。梓浩開始跟我講著考古學家的浪漫，他回憶起大學時期在鄖縣鄉村的夜，也是如此的繁星璀璨。每天從工地下工，嗅一嗅田間的自然氣息，聽一聽阡陌間的雞犬相聞，遠離喧囂的大城市，思考跨越萬年

的學術難題，這就是考古學家生活的詩。我聽了以後心生羨慕，把眼前的鄉景幻想成我的田野，嘗試感悟田野的詩意。然而，在連續幾天的困倦積累下，我剛上車不久就睡著了，醒來時已穿越了萬年，回到了繁華的長沙城。

8月5日　天晴 ☀

湖潭間的岳陽

（摘自詩螢同學日記）

洞庭湖水系下的盤龍城文化

今天離開長沙，啟程前往岳陽，考察費家河與銅鼓山遺址。我曾經在課堂中討論過這兩個遺址，所以感到特別親切。這兩個遺址都位於岳陽洞庭湖畔，自古以來，岳陽可說是交通便利、地理位置重要，湘、資、沅、澧水系匯於此地，又北接長江，《岳陽樓記》中即云：「北通巫峽，南極瀟湘。」雖然在盤龍城文化時期洞庭湖尚未出現，但由當時遺址往往建於交通方便的水道旁可知，費家河與銅鼓山所在之地，過去就是交通發達之地。

以往只是從考古報告中讀到的遺址，現在真正出現在我眼前時，會是什麼樣子？這無疑讓我雀躍不已，但心情的喜悅卻掩蓋不了身體的疲累，明明外頭仍然一片晴朗，是出遊的大好日子，而且昨天的行程在室內，應已恢復元氣，但我今天早上仍是昏昏欲睡。不知道老師們是否察覺到，昨晚我們幾個學生到各自的房間串門子，玩得太歡的事情呢？明明是可以好好休息的晚上，卻因為貪玩而熬夜，實在是自作孽不可活啊！幸運的是，前往目的地費家河遺址有兩、三個小時，有時間在車上好好補眠。但貪玩也不全是壞事，得益於晚上鼓起勇氣去同學房間裡串門子之故，我們之間的關係更親近，大家打打鬧鬧，像是出門郊遊的小學生一樣，看來玩心全被挑起來了。

在歡笑聲中，我們到了費家河遺址。考古報告上記載此窯

岳陽費家河遺址的風光

群遺址位於岳陽市南的費家河畔，但我沒想到會這麼漂亮。或許因為已經回填的關係，完全看不到以往挖掘的痕跡，一眼望去，是大片清澈河水，水草清晰可見，還有岸邊翠綠的草地，水天一色，蔚藍的天空彷彿和河面連成一片。當帶著水氣的微風吹來，我深深地吸一口氣，清香的青草味讓我精神一振。同學們也都興奮地多拍了好幾張相片！

　　費家河遺址古代也在河岸邊，但古河道及水位高度和今日大不相同。由於水位和河床抬高，遺址大半沉於河中，且因本地水下考古不足，沉於水中的遺址較少受到關注（目前水下考古仍以濱海地區的遺跡為重心），甚至在這數年間地貌也時常發生變化，或許有許多遺跡已在自然的破壞中消失了，包括水流的沖刷、洪水侵襲，以及養殖魚、鴨等，都會對遺跡遺物造成破壞；此外，由於古代並無洞庭湖，現今的洞庭區域在古代

宜於人居，很可能也密佈遺址，只可惜這些遺址多數已沉於水中，費家河遺址是少數能保留下來的。古代兩湖地區的遺址經常位於河岸旁邊，因為當時行稻作農業，若非臨近河道，則難以取得灌溉用水，挖掘人工水渠也會更費時費力，河岸旁的沼澤則是天然的水稻耕作環境。

今天所見，費家河附近的水稻田不少，在稍微高的地方則是玉米「森林」。靜云老師笑我們沒見過那麼高的玉米田，可以玩捉迷藏，也提醒我們古代長江流域的人不認識玉米，這是美洲來的農作物。走在鄉間的小路上，明立哼著〈在希望的田野上〉，突然一頭牛看似優雅地向我們緩緩走來。它大概是附近村民用於耕作的牛，過來看看我們這群遠道而來的陌生人，順便留下一堆便便，明確地宣示「主權」。誰料我們當中一些同學未曾見過活牛（包括我），竟反客為主，好奇地圍觀起來，還一邊討論牠究竟是公是母？是水牛還是黃牛？琳琅滿目的鄉村事物對於我們一些城市孩子而言，是多麼的稀奇有趣啊！靜云老師又笑我們都是小朋友，說這是典型的黃牛，在古代不會被飼養在這一帶，而且牠沒有乳房，所以是公牛。靜云老師說，她小時住在立陶宛的農村，有戶鄰居家養牛，每天早晨都去跟鄰居買剛擠出來溫溫的鮮乳，好喝極了；但是眼前這一家的公牛很凶，時刻找機會追人，角也很鋒利，而且脾氣就像六月的天，說變就變，我們最好離這隻公牛遠一點。

左：費家河遺址上有牛吃草；右：費家河遺址的高處有玉米森林

　　喜歡玩水的我不理大家的牛討
論會，悄悄走到河岸邊，用手指撥
弄拍打到岸上的河水，這樣的景色
讓離家數日的我有些思鄉，想起了
臺灣同樣平緩的淡水河岸。但淡水
河邊沒有這麼寧靜的鄉村風光，而
且總有去不掉的海水腥味。不過才
離家幾天而已，我怎麼可以如此軟
弱呢？我在心中鼓勵自己。回過神
來時發現老師和同學們都已經走
遠，連聲音都聽不見了，反正已經
追不上他們了，我索性就慢慢走在
後頭欣賞風景。

掉隊者的悠然自得

費家河遺址發掘的遺跡以窯址為主，古人看中這裡的主要原因可能就是鄰近河岸的便利交通。在古代，水運當然是最便捷有效的運輸方式，窯址生產的陶器可以依靠水路交通運輸及販賣；而製作陶器時所需要的用水問題，也可以由河流解決。在當時兩湖地區已經明顯有專業分工的情況下，費家河遺址的人們很有可能是專業的陶工，依靠製作陶器維生。

　　我發現在河岸邊有些高約一至兩公尺的土堆，不清楚是否為遺跡，土堆上有盤龍城文化的陶片。俊偉學長收集了一片灰黑色的漂亮陶片，上有弦紋和篦點紋，由於製作精美、表面光滑，輕敲響聲清脆，一開始我們不敢相信這是當時的陶片，還以為是東周的陶器，但經過立新老師的解說後，確認這塊陶片屬於「硬陶」，為當時陶器工藝的最高傑作，燒製火候為一千攝氏度以上。一般來說，在遺址出現的數量不多，為當時的珍貴物品，多作禮器之用。俊偉學長聽後一臉得意，滿心歡喜地拿著他的戰利品。柏熹因為沒有撿到陶片，心裡暗暗嫉妒，所以悄悄地偷拍了平時不愛拍照的學長，說不定柏熹是想用照片作為「威脅」學長的籌碼，想要做巧取豪奪的勾當，從學長手中「搶」一些重要的採集標本。

同學在費家河遺址撿到了盤龍城文化的硬陶片

我們在課堂上討論過，硬陶出現與冶煉技術發展高峰有關。費家河遺址也曾經出土過大口陶缸，這是冶煉時作承裝銅液的「坩鍋」。當時使用大口陶缸冶銅的方法應是在缸內燃燒木炭後加入銅料，這樣就會造成缸外部無燒灼痕跡，而內部燒結的現象。我一直思考兩湖地區的陶缸為何會在石家河文化時被視為祭祀重器，可能是像二位郭老師所認為的，那時的人將冶煉視為神奇轉化的過程。在石家河文化開始出現小型青銅器，並發現磨碎以用於冶煉的孔雀石和銅渣，而石家河文化的陶缸開始加厚底部，可為坩鍋；盤龍城時期則大量製造更易於傾倒銅液的尖底大口缸，尖底的設計使得銅液易於流動不至於凝固，並且方便傾倒。石家河與盤龍城的陶缸很明顯是朝著能夠更利於冶煉青銅器的方向發展，逐步改良而成。

　　順著這一思路，我進一步想：石家河文化與盤龍城文化陶窯遺跡與冶煉遺跡其實很相似，有時候容易認錯。有沒有可能離銅礦區不遠的費家河遺址，本來不僅是製陶工坊，也是冶煉鑄造青銅器的工坊？

　　費家河遺址基本上是被淹沒的，也因此我們可以合理地判斷，洞庭湖水下仍有許多盤龍城文化城址，應該也會有更早的屈

費家河遺址出土的冶煉坩堝

家嶺、石家河的城址，甚至可能還有更早的農耕聚落。這些遺址因為自然地貌的改變而沉於水中，有待日後水下考古的發展而進行這方面的考察。

銅鼓山：盤龍城文化的交通據點

下午我們到了銅鼓山遺址，該遺址位於岳陽市雲溪區陸城鎮，較費家河遺址更北。銅鼓山的實際位置與盤龍城較接近，同時是發現青銅箭鏃的重要遺址，即使在古代，依靠水路交通也十分便利，是盤龍城文化新興的聚落。為何早商的人要在此地特別新建這麼一座城？這是個有趣的問題。

銅鼓山城址

現在的銅鼓山遺址位於一個小山丘頂上，地勢較高，與盤龍城遺址相同，二者都位於地勢高處，從發掘的遺跡來看，銅鼓山也曾是一座城址。山丘上有許多現代墓葬，我們得踩著這些墳墓往上爬，有些人可能有點忌諱，不過我倒是不怎麼害怕。銅鼓山遺址由於現代挖墳的緣故，盤龍城文化的地層遭到破壞，許多陶片曝露在地表上，俯拾即得，其中大口缸的陶片特別多。我收集了幾塊大口缸片以及不知器物的繩紋陶片，比較陶片即可發現大口缸和其它陶片不同，多夾粗砂，重量也較其它陶片重，拿在手裡顯得沉甸甸的。

　　介紹銅鼓山的羅仁林老師是原盤龍城考古隊的成員，對於盤龍城時期的考古資料特別熟悉，他認為除了銅鼓山遺址之

銅鼓山遺址採集多夾粗砂的坩堝陶片，拿在手中特別沉重。

外，同樣位於岳陽的樟樹潭遺址也相當重要，但可惜由於樟樹潭遺址的考古簡報過於簡略，未能顯現出其重要性，因而這次湖南考察的行程並無安排。

羅老師看著我手中的缸片，若有所思地說，樟樹潭遺址發現以缸抹泥來澆鑄青銅器的技術，每次澆鑄都會重新塗抹泥巴，這種情況目前在盤龍城遺址並未發現，他認為這代表著樟樹潭遺址較盤龍城遺址有更為發達的製銅技術。我認為塗抹泥巴這點相當有趣，在徐勁松等人的研究中，他們也是認為若以缸澆鑄銅器，則應在缸內抹泥，從而使陶缸可重複使用。正因為抹泥會造成澆鑄的痕跡不易殘留，他們以此解釋湖南、湖北地區大量出現陶缸卻難以在缸上找到冶鑄痕跡的原因。盤龍城遺址中其實有著多層缸壁結構的陶缸，或許即是所謂的抹泥陶缸。徐勁松等人很可能曾接觸盤龍城遺址的資料，進而產生做缸內抹泥實驗的想法。此外，我發現在盤龍城遺址的灰燼溝遺跡中（灰燼溝遺跡則因為其出現燒紅的紅燒土、充滿木屑的黑灰土，以及銅器殘件，很可能是熔銅遺跡），也曾發現這種抹泥陶缸。我認為，基本上可以認為當時的陶缸的確有煉銅的功能，因此出現一些與單純的盛器不相符的造型。

因為我想深入瞭解銅鼓山遺址的古代地理狀況而進一步詢問羅仁林老師得知，原來銅鼓山遺址今日不見水域環繞是因為長江曾被人工改道，古代銅鼓山遺址所在的山頭除了西側流過長江之外，東南側有現已消失的古河道，並很可能曾是長江的

支流；目前該古河道因地勢低窪，農民在其上種植水稻，我們可以明顯觀察到古河道上的水稻顏色特異於其他區域，但不知道是不是因為土壤養分不同的關係。羅老師當場在筆記本上繪製一幅簡單的地圖為我們解說（考古的老師們都能畫出一幅好圖，空間感特別強！）。從地圖上發現，其實沒有水道環繞的東北角也是一片低窪地，令我猜想該處是否可能也有河道或者人造的水利設施？因為當時長江中游的聚落常有在聚落外圍挖掘壕溝的現象，重要的聚落甚至會堆築城牆，這與行稻作農業需要治水息息相關，而壕溝連通重要河流，也使得當時的水網交通更加便利。銅鼓山遺址發現了一些銅工具，應是一處掌握冶煉青銅技術的重要遺址，聚落周圍應該很有可能會挖掘壕溝。當然，也有可能僅運用天然河流作為引水之用。不過，當時我因為拿到地圖很興奮，沒有多問關於壕溝的問題，現在想來真是太可惜了！

另外高成林老師提到銅鼓山遺址是以盤龍城文化為主，陶器類型接近盤龍城遺址的中、晚期，此地聚落的建立很可能與盤龍城遺址有密切的關係。並且在盤龍城遺址遭到毀滅後，

岳陽市考古所羅仁林老師繪製地圖來說明地理關係

此地也逐漸荒廢，之後雖然仍有出現零星的殷墟時期青銅器，但不知這些較晚的青銅器和銅鼓山遺址盤龍城文化的堆積有何關聯性。因為現在銅鼓山遺址被發掘的不多，我們只能期待日後的發掘能夠解決這些問題。高老師提出的說法相當有趣，岳陽地區為何會出現銅鼓山、費家河等遺址呢？當然是與盤龍城有關係，但這是怎樣的關係呢？若認為是盤龍城勢力擴展，或者認為當地冶煉青銅器純粹是為了盤龍城而製造，則未免又淪為過往「單一中心」的思考。而且，岳陽地區並未佔據取得銅料的要道，盤龍城特地在此建立新據點又有何意義呢？

在距今 4000 年左右是一波氣候寒冷期，北方呈現乾冷的狀況，而南方長江流域則出現洪水的現象，原有的水利設施因自然災害而毀壞，許多舊聚落被迫另覓居住地，銅鼓山遺址的出現原因之一或許即是如此。搜集此地盤龍城文化的資料時，我曾一度認為岳陽地區在盤龍城時期才開始興盛，但想到岳陽過去的發掘過少，洞庭湖又淹沒了部分遺跡，因此岳陽早期文化遺址少，很可能並不是當地較晚興起的緣故。銅鼓山和其他岳陽遺址與銅礦區的距離與盤龍城相當，這一條山水之間的地帶，是早商很發達重要區域，盤龍城與銅鼓山之間可能還有過其他城址。這一地區實在需要發展水下考古！

陸城鎮：歷經千年的文化小鎮

　　一邊思考著這些問題，我們來到位於銅鼓山附近的陸城鎮歷史文化保護街區。我這時才知道陸城鎮原來存在已久，在北宋時已設立縣治，一直存續至今，有著「千年古鎮、沿江重鎮、文化名鎮」的美譽。古鎮的南正街、北正街區原本保存了自宋代到清代的建築，多屬外建磚石封火牆的木製建築，古色古香。然而，這些古建築受到近代戰爭與文革等人為破壞，加上年久失修，現在僅存 4 棟古建築、9 棟老式門面簷角和 1 座老禮堂。直至 2013 年，政府才有計劃地將街區劃為保護區並修復其中一些古建築。若是能夠更早意識到保護老街區的重要性，或許就可以保留更多古蹟。文化事業仰賴人們對歷史文化

保有古樸風情的陸城鎮

的重視，雖可以通過教育來培養，但也與社會的整體風氣有關。當人們普遍重視歷史文化，即使政府不採取保護行動，地方的熱心人士也會主動對古蹟進行維護，但精神文化方面的提升難以速成，只能期盼人們能夠越來越重視歷史文化。

原本我以為老街一定是觀光景點，有著許多遊客和攤販，但我所看到的陸城鎮老街卻並非如此。就像臺灣普通的鄉下農村街區，沒有什麼遊客，有的只是住著老房子的當地居民，老人悠閒地坐在搖椅上，偶有孩子嬉鬧跑過，非常寧靜安詳。老街上有幾棟明顯年久未修的木構建築，大概就是古建築了，多數兩層樓高，但看起來和臺灣的老建築建法完全不同，讓我開了眼界。屋簷上的瓦片都還保存完整，幾扇破了窗紙的木窗和歪斜的門板讓老建築添了幾分孤寂的氣息，我不禁想像這些建築剛建好的時候，想必一定是這街上數一數二的漂亮房屋吧？若是住在這樣的房屋裡，下雨天時在屋內推開窗子，伸出手接取屋簷落下的雨水，又或著憑欄遠眺，那一定是非常詩情畫意的事情。

不知道老禮堂原本是為了什麼目的而建，這是一棟中西混合的石構建築，遠遠看上去彷彿廢棄的洋房，可惜入口被磚頭封住了，我們無法進入，也可能是內部的修繕尚未完成的緣故。老禮堂外牆上有文革的痕跡，肆意生長的樹藤旁可見斑駁的標語，但那些紅色的口號都已經模糊不清了。幾個膽大的同學還跑近老禮堂拍照，一隻黃色的小狗警戒地盯著他們。我在

古色古香的房子

一旁偷偷笑著，覺得他們就像是探險的孩子一樣，這麼大了還玩心不減，我本來想用相機拍下這一刻，但我後來想了想，還是放下了相機。也許日後陸城鎮老街會變成有名的觀光景點，到時可能會變得喧嘩熱鬧，但恬靜如畫的老街和玩鬧歡笑的同學們會永遠留在我的心中。

8月6日　天晴

訪新石器到青銅早期的
千年遺址

（摘自明立同學日記）

今天是我們到湖南的第六天，天氣漸漸呈現出它對我們的熱情。湖南考察之路還很長，今天的行程仍舊滿檔。大巴士在公路上行駛，我的思緒卻隨著車窗外不斷變換的美景飄向遠方。考古學真是個很浪漫的學科，時代愈是久遠，文獻的記載愈發模糊，惟有歷經滄桑變化，帶著些許古代氣息的遺跡、遺物才能讓我們感受到古人生活的冰山一角。時光飛逝，不知不覺已是數千年。誰能想到，數千年後，有這樣一群青年考古學生正迫不及待地想接近、感受古人的生活。我們大概就是這樣一群人，不斷地在過去和現在之間穿梭，用現代的知識和理論去理解過去，也通過古人的思想和智慧來理解現在和未來。

夜宿岳陽城、夢回岳陽樓

昨天傍晚時分，我們驅車來到岳陽市內的一家酒店投宿。推開房門，淡黃色的牆面，搭配精緻的掛畫，加上碎花的被褥裝飾，一陣清風迎面襲來，讓我和麗霞不禁讚歎，好美啊！吃過晚飯，稍事休整，我倆便相約去酒店前面的大廣場上走走。小城夏日的夜晚，別有一番閒適的滋味，大人們跳舞、說笑，孩子們追逐、打鬧，我們散步、聊天，突然有種融入這座小城的感覺。夜深了，我回到酒店，想著上中學時，學習過范仲淹的名篇《岳陽樓記》，沒想到自己現在竟住在岳陽城裡，有種時空錯亂的感覺。大概酒店太舒適，鬧鐘太疲憊，也許是沉浸

在對岳陽樓的嚮往中不能自拔，今早是被一陣急促的電話鈴聲叫醒的，電話那頭傳來立新老師「快起來，出發了」的聲音，我們竟然睡過頭了。

想著前路漫漫，趕緊爬起來，收拾完畢，衝到車上，這時候，立新、靜云老師將麵包遞過來。這一路上，類似的感動，我們收穫了太多。各位老師耐心解答我們的各種疑問，時刻關心我們的生活，湖南考古所的高成林老師、趙亞鋒老師、向桃初老師在繁忙的發掘工作中抽出時間，不辭勞苦地帶領我們參觀各類考古遺址、博物館和考古研究所。之前又為我們編寫閱讀書目，所以每次與老師們告別的時候，我們總是戀戀不捨。日後憶起湖南之行，一定會想起各位老師幽默風趣地講解各種發掘的細節，「指點江山，激揚文字」，這大概是每一位考古學者最幸福的時刻吧！

大概是昨晚對岳陽樓的嚮往發揮了神奇的功效，剛一上車，高老師便欣喜地宣佈：「我們的車會在岳陽樓

午夜夢回岳陽樓，翌晨無奈睡過頭

外經過。」也就是說，我們可以一窺岳陽樓的真面目了！我難掩激動的心情，趕緊用手機找出《岳陽樓記》，想遠遠望著岳陽樓，重溫一下范仲淹的心境。猶記得上學的時候，我只是把范仲淹當成一代散文名家，卻忽略了他作為政治家主持「慶曆新政」時的風光無限，自然也不知道他在新政受挫被貶時的無奈和痛楚。如今重讀《岳陽樓記》，再思范仲淹當時的心緒，更知他首先是將生命獻給黎民百姓的，也更被他那種不計較個人榮辱得失的情懷動容，這大概就是人們說「見過世界的人，才更懂岳陽」的緣故吧！我們終於得以見到仰慕已久的「岳陽樓」，雖然只是遠遠望著，岳陽樓的古樸和洞庭湖的靈動便足以讓人心動。

鄉村趣事

　　離開岳陽城，我們很快到了上午之行的目的地——華容縣東山鎮東旭村。七星墩遺址就位於這個奇妙的村子裡。村子裡的趣事還真不少，我們才剛進村，便看到民舍牆壁上「比一比，誰潔淨」的公告欄，這口氣怎麼感覺像是小學老師教導學生「講衛生」時用的招兒呢！真是太有趣了！前往七星墩遺址的路上，我們看到一戶人家正在屋子裡剝蓮蓬，院子曬滿了黑色的蓮子和誘人的魚乾，不遠處就是一望無際的洞庭湖，如此得天獨厚的地理條件生產出的蓮子和魚乾一定特別美味吧！不

過黑色的蓮子，我還是頭一次見到。記得去彭頭山遺址的時候，我還見過黃色的「茄子」，被村裡的幾位大嬸兒當成了不辨菽麥的城裡人。不得不感慨，中國還真是地大物博，竟然有這麼多有意思的東西。

洞庭湖的蓮蓬與蓮子

美麗富饒的洞庭湖

　　既然說到了古樸的岳陽樓和美味的蓮子、魚乾，就不得不說美麗富饒的洞庭湖。作為一個生長在華北平原的人，我一直對家鄉春天大片大片碧綠的麥田念念不忘，春風吹過麥浪，一層翻過一層，就像碧綠的翻滾著的浪花似的，別提多驚豔了！這會兒，在洞庭湖邊，我似乎見到了類似的久違美景。一望無際的淺綠色湖水，就這樣毫無徵兆地出現在我們面前，驚喜、興奮、激動，一時間，我竟不知道該用什麼詞語來形容。淺綠色的湖水、蔚藍的天空、大朵大朵的白雲、金黃色的水稻田、濃綠色的蓮葉伴著淡粉色的荷花，這麼多色彩，卻毫無雜亂之感，一塊一塊的，一層一層的，在遠方交接，就像是一幅美不勝收的畫卷。我們一不小心闖進了畫中，風吹在臉上，暖暖的，好舒服啊！

美麗富饒的洞庭湖

「快看！」不知誰喊了一聲，我回頭一看，麗霞正伸開雙臂在玉米田裡奔跑，風把頭髮都吹起來了，漂亮草帽上的絲帶也很興奮，隨風飄揚。徐堅老師撐著一把優雅的太陽傘，戴著墨鏡，特別有派頭。不過風太大，太陽傘被吹得東倒西歪的，說心裡話，我真的很擔心老師被風吹走，千萬不能上演「飛傘環遊記」啊！

洞庭湖物產豐富，用「美麗富饒」來形容再恰當不過了！雖然自古以來，洞庭湖發生了很大的變化，但我想這灣湖水不知孕育了多少代的人，不知創造了多少令人歎為觀止的文明啊！「喂，明立，快點！」我從沉思中緩過神來，完全沉醉在美景裡，竟然被大部隊落下一大截，麗霞正心急火燎地催促呢！我一步三回頭地望著洞庭湖的美景，戀戀不捨地上了車。

只顧著看美景，忘了正事兒了。不是說洞庭湖區是湖南地區新石器時代遺址最密集的地區嗎？不對啊，新石器時代的人們不是一般居住在河流旁邊的二級臺地上嗎？因為這樣既可以保障生產生活用水，又可以避免遭受洪水侵襲，而且交通也方便。這一大片水域，煙波浩渺的，可怎麼生活啊？而且生活起來也挺危險的吧？突然想起梓浩同學在課堂上曾經說過原來洞庭湖可不是現在這個樣子。如果是這樣的話，那就對了！

　　對於洞庭湖的歷史變遷問題，學界存在較大的分歧。張修桂先生認為，從全新世初到西元 3 世紀，今洞庭湖地區屬於河網交錯的平原。周宏偉先生與張先生意見差不多，認為今洞庭湖地區在先秦兩漢時期尚屬於河網沼澤平原階段。卞鴻翔先生

寬闊肥沃的洞庭平原

則認為，全新世初期，洞庭湖區屬於平原水網景觀；全新世中期，洞庭湖重新擴大；先秦兩漢時期（距今約 4000 年至西元 3 世紀），洞庭湖已形成江湖連通的浩淼大湖。小女子學識有限，無法辨別，不過，我們接下來看到的多處洞庭湖區的新石器時代遺址，確實為新石器時代洞庭湖尚屬於河網沼澤平原這一推斷提供了些許證據。

七星墩遺址可能是城堡？

回味著洞庭湖的美景，津津有味地看過了剝蓮子的農家，我們一行人終於到了上午的目的地。放眼望去，四周都是大片的稻田和水域，七星墩遺址在哪裡呢？迷茫中，我們看到了七星墩遺址的說明牌，再加上高老師和當地學者的講解，原來大

左：回味著洞庭湖的美景　　　　右：津津有味地剝蓮子的農家

家已經身處其中還渾然不知呢！柏熹一邊拿出相機拍攝遺址周邊的環境，一邊用指南針來定位，實在專業！我新石器時代考古學得很糟糕，正犯迷糊呢，聽到老師們精彩的介紹，頓時來了興致。

七星墩遺址是高臺遺址，面積 12.8 萬平方公尺，四面環水，四周陡峭，高出湖邊坡地 3 至 6 公尺，遺址表面平坦，東部略低窪，只有南部通過人工築堤與陸地相通。嗯嗯，一邊聽，一邊看，但是有多大面積，高出湖邊坡地多少，則因為遺址早變成了稻田，只能憑想像了。咦，為什麼叫七星墩呢？夜觀星象？北斗七星？我又想多了。老師說，因為遺址周圍分佈著七個高出遺址表面 4 至 6 公尺的大土墩，因此該遺址被命名為七星墩遺址。

為了將更多的考古遺存留給後代，可持續地進行考古發掘，但考古工作在一定程度上會對遺址造成損壞，因此現今的考古發掘多是配合工程建設進行的搶救性發掘。正因如此，雖然 1978 年七星墩遺址已被發現並確認為新石器時代遺址，但一直都沒有進行全面發掘。直至 2011 年 4 至 7 月，岳陽市文物管理處配合當地水利工程建設對七星墩遺址及一號、二號、四號、七號墩子分別進行了勘探、試掘。此次試掘發現了屈家嶺文化的地層和石家河文化時期的大型夯土台基和房子建築。經過對各個墩子進行勘探，發現有夯土層堆積的痕跡。特別是二號墩子夯土層從上至下分為 13 層，每層厚度 0.30 至 1.30 公

尺不等，夯層堆積總高度達 4.30 公尺。從夯層中還發現有少許的木炭及大溪文化時期的碎陶片，卻沒有新石器時代以後的包含物。從夯層包含物看，再結合其它幾個墩子的夯層情況，我們推測這些夯土層可能是新石器時代城垣的殘留部分，而被城垣包圍的七星墩遺址可能具有城堡（宮殿？）的性質。

石家河時代的「衛星城」

不過，七星墩遺址並非一座孤獨的大城。在大荊湖周圍不到 40 平方公里的範圍內，以七星墩聚落為中心，還分佈有三十多處石家河文化的遺址，也就是說在那個時候，這裡同時存在著很多遺址，組成一個以七星墩為中心，周邊環繞很多小的聚落群，同處長江以南的雞叫城遺址也是如此。這麼多城址的出現，說明在這一時期這一區域的文化得到了空前的發展。這麼多資訊湧進，讓我腦子裡突然閃過一大堆疑問，這種「衛星城」的模式在當時是不是很流行？周圍的小聚落是不是大城的「下級」，專門向大城提供農副產品？這裡的大城會跟其它地方的大城交流嗎？那時候沒有現在這麼四通八達的交通，城與城來往都是通過舟楫嗎？

我們上課討論過，七星墩遺址的多座城幾乎同時在屈家嶺文化晚期出現，可能是區域社會網絡發展到一定階段的產物。這些城之間的交流，不能用我們現在陸地的概念來理解當時水

域的情況，可能這個地區當時有大面積的水域，整個長江中游這一地帶，都可以用船來溝通。事實上，城頭山已經發現船槳，似乎說明船在當時的生活中很重要。也就是說，這些城都毗鄰江河湖泊並通過船作為水上交通工具而互連為一體。當時這些城址之間的溝通，可能比我們想像的還要容易。

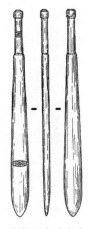

城頭山遺址出土的船槳

考古學家總是在與時間賽跑，尤其是在主持一些重要的工程項目時，更加無法脫身，甚至有流傳過一些「三過家門而不入」的美談。前面數天，高成林老師放下手中繁忙的工作，一路陪伴、熱心幫忙聯繫當地的考古學家，也熱心地回答各位同學的問題。然而，高老師不免也要與時間賽跑，考古學家的責任感讓他不敢再遠離工地，尤其是他負責的兔子山遺址又有新發現。所以，高老師在岳陽與我們分別，而趙亞鋒老師將會一路陪伴，直到我們離開湖南。

「衣食住行」為田野調查帶來的信息

午餐是在南縣解決的，飯店老闆娘聽說我們是中山大學來的，還特地把將要去中大讀書的兒子介紹給我們認識，所以我們在驚喜中做了一次師兄師姐。其實在考察的過程中，我們吃

感謝高成林老師指導　　　　感謝趙亞鋒老師來幫
　　　　　　　　　　　　我們帶路！

的東西真的值得濃墨重彩地記上一筆。人類學調查中很重要的
一項便是「吃」。本土物產與自然環境密切相關，至今仍大致
如此。而對於同樣物產的不同製作方式，則能反映不同地方的
飲食文化特色。說到吃，如果想體會看文字便會有垂涎欲滴的
感覺，則不得不讀徐堅老師博客裡的美食文章。徐老師寫的不
僅僅是美食，還把「美食」和「文化」結合得精妙無比，高
手！梓浩同學對美食也情有獨鍾，每次聚餐梓浩都是負責點菜
的，而且每次各種菜式都搭配得很美味，「會點菜」也是門技
術活兒啊！對於我這種只知道吃的人來說，只有羨慕的份兒！

　　午餐之後，前往下一個目的地──安鄉劃城崗、湯家崗遺

址，我們的路途似乎更加艱辛。我第一次見到一種另類的「船」，可以把汽車從河的這邊載到那邊，很久之後我才知道這就是傳說中的「輪渡」。正歡欣鼓舞地期待「大船」把我們連汽車帶人一起渡過河去，誰知我們的大巴車太寬大了，嘗試了半天，也沒法駛到甲板上，我只能淚眼婆娑地望著只見過一面的「大船」，戀戀不捨地多拍了幾張照片。唉！又要悲催地繞路了。

　　這大夏天的，前路漫漫，要是有根冰棒就好了。正想著，忽然聽到坐在前排的于薇老師詢問同學：想吃冰棒、喝礦泉水的舉手。然後我如願以償地在湖南的炎炎夏日裡吃到了冰棒，好滿足啊！我還發現這裡的房子都跨水道而建，建在水面上，不用說，肯定跟這裡多水潮濕的環境相關了，不過對我這個北方人來說，這一切都很新鮮。

　　當然，真正的人類學田野調查是經過專門訓練的人類學工作者親自進入某一小區，通過直接觀察、訪談、居住體驗等方式獲

輪渡走了……不給我們渡河，我們只能繞長路去安鄉……

取第一手研究數據的全過程，不是我們匆匆一瞥，便能達到的。但是，在考察過程中，對當地衣食住行的觀察，也確實提供給我們很多當地自然地理、人文環境、日常活動等方面的數據和信息。

雖然繞路花費了很長時間，但趁著繞路而得的空檔時間，立新老師開始發揮考古學家的特長——「摸陶片」，而且還摸得津津有味，一邊摸一邊和我們一起討論。我也想好好摸摸這些陶片，於是便湊到立新老師身邊吸經驗。在一陣陣引擎聲的轟鳴下以及歡聲笑語中，我們不知不覺便到了常德市安鄉縣。

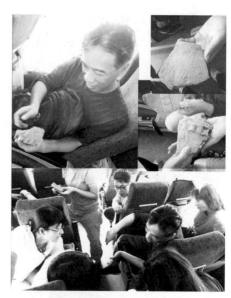

車上「摸陶片」教育現場

劃城崗：從新石器到青銅早期的重要聚落

在安鄉的第一個目的地是劃城崗遺址。我們從車窗上感受

到了濃厚的水鄉風情，密集縱橫的水道，潺潺流水上的舟楫，都充分滿足了我這北方人對水鄉的嚮往和想像。車剛停下，我便迫不及待地下車享受寫意的水鄉景色。在趙老師的引路下，大家很快就找到了劃城崗遺址當年發掘的區域。

劃城崗遺址曾進行過兩次發掘，兩次發掘都分散於若干處地點中進行。趙老師說，這兩次發掘都有一些重要發現，包括大溪文化早期的窯址，大溪文化、屈家嶺文化、石家河文化的墓葬群。所以，這個遺址對於湖南新石器至青銅時代的歷史重建是十分重要的。一旁的梓浩聽得眼睛發亮，因為這正是他最感興趣的遺址之一。只見他一直盯著地面，似乎想看穿表層的土，直接看當年先民留下的遺跡。他邊看邊撿，發現了不少各個時期的陶片，開始拿著陶片向我炫耀。我對這個時代十分不熟悉，也常常會覺得懊惱。但從梓浩和柏熹的興奮中，我也分享到了一絲絲的喜悅。

詢問了一些村民，我們走到了當年發掘的一些探坑的位置。當然，這些探坑絕大部分都已經回填了。有些探坑特別有趣，當年的一些村民希望考古隊不要回填，他們直接在探坑中灌滿了水，作為魚塘使用。有的則養了大量的蓮花，時而飄來清香的氣息。看到此情此境，我不禁感歎這裡確實是距今7000年的湯家崗文化以來，綿延不絕的，豐產的漁米之鄉；也正是在這發達的經濟基礎上，此地的先民發展出了先進的製陶技術、社會組織與精神文化，留下了南方文明的重要遺產。

左：劃城崗遺址　　　　　右：棉花田裡採集大溪時期的陶片

獨具特色的湯家崗文化

湯家崗遺址也位於安鄉縣。下車後，我們看到了正在建設中的湯家崗遺址保護區。茂盛的草坪上矗立著一座座灰磚房，這樣的房子裡面就是遺址，重要的遺跡全都保存下來，用說明牌做了標注，很神奇吧！可能對很多不瞭解考古學的人來說，湯家崗遺址現場不過是草地裡建起的幾座房子，走進去，是不太容易看明白的發掘現場。但這種形式的遺址保存卻代表著觀念的變化。考古發掘與考古遺跡的破壞如影隨形，因為考古發掘是一個不可逆、不可重複的過程，是一次性的行為。曾經埋藏在地下的古人遺留的痕跡在發掘後轉變成發掘資料——發掘報告，但再認真的考古學家都不可能完整地發現並保留遺址所攜帶的所有信息。張忠培先生曾經舉過一個很形象的例子：

「考古勘探和發掘會給文物帶來不同程度的破壞，比之如閱讀孤本，這類閱讀是邊閱讀，邊撕毀，不撕掉這一頁，就不能閱讀下一頁，閱讀完了，這孤本就被撕毀完了。考古者之閱讀文物，是破壞性的閱讀。」湯家崗遺址的原址保護，直觀地表明我們認可該遺址的重要價值，深層含義則是更為有效地保存遺址，更為直觀地向大眾傳播考古學知識。

湯家崗遺址總面積約 4 萬平方公尺，出土器物數千件，尤其是以白陶而聞名。湯家崗文化的年代應在距今 6000 至 7000 年之間，是一個介於皂市下層文化和大溪文化之間，並且與大溪文化有較多聯繫的一支獨立考古學文化，考古學工作者在城頭山、劃城崗、丁家崗、城頭山、劉卜台等遺址中都發現了湯家崗文化遺存。

上午參觀七星墩遺址時，聽說在七星墩周邊還有很多小聚落，就跟一個個衛星城似的，不知是怎麼回事。這會兒，湯家崗遺址跟它周邊發現的同時期小遺址們，會不會又是衛星城的現象呢？而且，湯家崗文化時期開始出現許多重要的文明因素：精耕細作的水稻田、分層結構的墓地、祭壇（祭祀坑）和高等級墓葬中具有神秘色彩的白（白衣）陶和墨黑陶。這支獨具特色的文化是如何形成的呢？這些變化同稻作農業的重大創舉有關嗎？

我想起靜云老師在課堂上提供的一個思路：稻作農業的發展會促使不同聚落通過合作形成大規模的農作管理體系，蘇美

的城邦國家出於灌溉系統的合作關係，形成了一種「聯城國家」。在此基礎上，一些小規模的專業化開始出現，而協作的規模也日益增大。聽老師一席話，豁然開朗，湯家崗遺址中發現了精耕細作的水稻田，這表明此時水稻灌溉技術取得了較大的突破。而大規模的灌溉系統就促使不同的聚落進行合作，嚴密、有序的組織和管理變得不可少，社會管理日趨強化，這些都反映到具有分層結構的墓地上。隨著生產的發展和社會管理水平的提高，生產走向專業化，社會階層開始分化，有些人專門從事管理和祭祀活動，有些聚落專門從事生產活動，因此，才會出現我們看到的衛星城現象和高等級墓葬中的白陶。當然湯家崗文化還沒有到國家社會的階段，但靜云老師認為，湯家崗文化興盛時代已經接近前國社會的結構，在湯家崗的基礎上發展的大溪文化已經是完全符合世界史前國時代的社會，到了大溪文化三、四期長江中游就開始進入國家文明階段。

湯家崗文化呈現出從技術到信仰的獨特面貌。然而，真實的經濟和社會的發展不會像我們通過考古發現推斷的這樣邏輯嚴密，一環扣一環。這是一個十分漫長的過程，它的細節，它的複雜多樣，需要新的考古發現，也需要考古學家們的大腦。有時候，真覺得我們就是考古界的福爾摩斯呢！

說起白陶，就不得不提高廟遺址了，那麼湯家崗文化是否同鄰近的沅水中上游地區的高廟文化有關呢？腦子不夠用了，姑且存疑，等看到高廟遺址的時候再說吧！

考古工作者們是通過考古發現的遺跡、遺物來瞭解古人的生產、生活，甚至思想。對於「物」的研究，有三個不同的層面，一個是物質層面，判斷物的形狀、顏色、材質等。第二個層面是社會層面，通過進一步的研究，瞭解當時的技術水準、生產方式、社會關係等方面的內容。最終是精神層面，也就是探索古人的精神世界。我們從對湯家崗文化時期發現的文明因素的分析和解讀中，可以窺見考古學的一般研究方法。考古學就這樣聯結起了過去和現在，但這種聯結的方式並不唯一，隨著考古學理論的發展和新資料的發現，考古學者會對原有的解讀方式進行修正，也會產生新的解讀方式。

在安鄉，我們又受到了當地人的盛情款待，可惜的是因為我們花在交通的時間太久，到了湯家崗遺址時，天色已經漸漸昏暗。我們參觀時雖可以勉強看清楚，但很難拍到好的照片，柏熹再怎麼努力，也只能無奈地搖搖頭。晚飯後，天色已全黑了，我們仍得繼續趕路。夜間走在田

到了湯家崗遺址時，天色已經漸漸昏暗了。

間地頭的感覺很美妙，在茫茫原野上，隱隱約約地望見遠處星星點點的燈光，想像著這家人或許在吃晚飯，或許在看電視，或許在聊著什麼，溫馨極了！這一天，我們夜宿澧縣城。

8月7日　天晴 ☀

水稻養出來的文明

（摘自柏熹同學日記）

八十壋：八千年的稻田

今天是在澧縣的第一天，天氣晴朗，我們一早起床，爬上熟悉的大巴士，奔往澧水北岸，上午的目標是考察八十壋遺址和雞叫城。車子跑了一段時間，還沒到 10 點鐘就到了八十壋遺址公園的門口。下車的一刻感受到早上的陽光猛烈得一點都不饒人，可以預見今天的中午會更熱。我昨天睡得有點晚，做了

猛烈的湖南陽光

些功課，預習今天要看的遺址，自己記下一些遺址的簡介，準備在報告的基礎上看現場。

八十壋是彭頭山文化的重要遺址。放眼望去，遺址四

八十壋遺址博物館門口合照

周廣闊平坦，遠方西北面是山地，延綿不盡的低矮丘陵，東面是湖泊，遺址就處於山地到平原的過渡地帶，北、西和南三面有古河道環繞。看報告時我們咬文嚼字，在字裡行間想像著遺

八十壋遺址風景

址全貌；來到現場，奢望用我們的眼睛看到古人的一幀好風景。遺址公園的大門是一個木製的大牌坊，外表嶄新，公園內小徑、鋪墊平整美觀，路邊種有花草樹木，甚為悅目。遺址區其實比公園大，區內的村屋道路也整齊美觀。再查看了導覽指示牌，原來是在 2010 至 2012 年間進行過整治。

八十壋遺址之所以受到重視，與考古發現息息相關。這裡最重要的發現是距今約 8000 多年前的古稻穀，而且保存狀況良好，為古代稻穀研究提供了很好的資料。看八十壋遺址的現況，四周還是稻田。

水稻起源於長江流域已是目前學界的主流觀點，但不同地區栽培的稻米種類和耕作方法還有很多可討論的空間。在湖南洞庭湖區的地理環境中，稻作的出現對人類文化的發展有重大意義和影響，因為種植水稻有幾個主要特點：第一，需要灌溉；第二，打理的功夫下的越多，產出也會越多，這些特性會鼓勵人們之間的合作。他們可以共同修建水利工程，例如引水道和水閘等。當不同聚落的人們開始進行合作，就需要有領

擁有八千年歷史的稻田

袖，而因不同聚落的人有不同的利益考慮，人與人之間的互動日趨複雜，處理這些事情的政治機制亦慢慢出現，推動著整個社會結構性和系統性地演進。

靜云老師要我們特別留意：澧陽平原並不是一馬平川的大平原，它裡面有很多高、低地。這使澧陽平原的優勢很明顯：其地形是複雜崗地和低谷沼澤結構，生態豐富，此處的低地是河流沉積土，即理想的肥沃半沼澤土壤，崗地則是符合人們生活的防洪之處。

陪我們同行的澧縣文物局封劍平老師說，澧陽平原周圍幾乎所有崗地都有彭頭山時代的遺跡。最近就在前面作試掘，看起來也有遺跡，現在耕土裡都可以找到彭頭山時代的陶片。他讓我們也可以試試找找，看能不能找到彭頭山文化的陶片。

上課時曾討論過，八十壋遺址還有一個重要的發現就是「八十壋下層遺存」。但是在八十壋下層文化與彭頭山文化之間，我們看不出有較厚的生土地層，也就是所謂的空白時期，而其餘某些彭頭山文化遺址的地層下，與八十壋下層同類的細石器文化遺存，這類的細石器彭頭山文化仍然續用。這些遺址均位於河邊，人們依賴食用水裡的動、植物維生，並在氣候暖化時，澧陽平原的人們

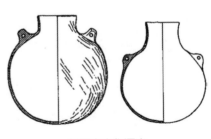

彭頭山文化酒壺

關注水邊出現的野生稻，並加以採集、食用，而在漫長的歷程中，重新開始栽培水稻。

這也就是說澧陽平原蘊含人們萬年栽培稻的歷史，在此之前還有採集野生稻的時段。靜云老師認為，彭頭山文化的人們還會釀米酒，也已經採集了齊全的間接證據，日後準備寫相關的文章，我期待拜讀。

「路不拾遺」這條小時候就聽過的教導對考古的我們並不適用，尤其是去做田野考察，「路必拾遺」才是我們的座右銘！別人去遊玩是左顧右盼看風景，考古考察不只左顧右盼看地形，還得常常低頭看地上。這次考察我們也保持一貫作風，看地形，看地上，認真採集標本。這是一個拼眼力、拼手氣的事情，像俊偉學長每到一個遺址總是最用心在走過的路上仔細檢視，把陶片收集起來再和同學、老師討論它們的年代和文化性質。每次回到大巴士上，立新老師都會和同學們一起整理標本，提醒大家要做好標籤，因為這些採集品都是以後同學們學習與研究的參考。所以每一個考古學家都愛採集標本。

被灌溉蛛網包圍的雞叫城

離開了八十壋遺址，車子沒走多久就到了雞叫城遺址。這是我曾經在課堂上做過報告的城址之一，所以感覺特別親切和熟悉。中午的太陽不出所料，比早上還猛烈。下車後，我們如

常做好「保護措施」，戴好帽子、撐起傘，準備在烈日下「進城」。越過了公路旁的幾排房子，映入眼簾的是湖南平原常見的風景，一望無際的水和田，中間點綴著幾間平房和一小撮喬木樹林。我們走在農田與房屋之間的路上，白水泥反射著無情的陽光，眼睛快睜不開了。走了約十多分鐘，我們遇上了湖南省政府所立的省級重點文化保護單位碑石，說明這裡就是雞叫城遺址。

這時，趙亞鋒老師開始介紹：「雞叫城是石家河文化時期澧陽平原的最後一個中心城址，面積有 15 萬平方公尺。城址周圍共發現石家河時期的遺址有 30 多個，而屈家嶺文化時期的遺址則僅有 9 至 10 個。」想到我們在課堂討論時，認為城的作用是作區域的中央，周圍很多聚落以城為組織、交易和精神活動的中心。趙老師所表達就是這種意思，他專門研究與城相關的聚落結構。上課時我們也看過雞叫城的地圖，周圍有很大而規整的灌溉系統。

城內基本上看不到過去的任何地標，只是這裡仍像 5000 多年前一樣，被水田覆蓋著，還有那些需要清理水渠淤積物的居民。忽然，平整的水泥路出來了一個小坡，原來我們已經成功「翻牆」。翻牆後往外一瞥，城牆外的水道仍在使用，這時頓覺神奇：「我在看古人留下的風景，多少年後，又會有什麼人來看我看過的風景呢！頗有追問『江畔何人初見月，江月何年初照人』時的那種感覺。」

鄉村房子的地基是雞叫城的城牆

鄉親們沿著城牆建了房子

　　這時，立新老師突然打破沉默：「過去，我們在考慮文化關係的時候，習慣性地從湖北看湖南，因為那裡資料比較豐富，發表的也比較早。原來屈家嶺文化和大溪文化是在湖北那邊最早發現並命名的，於是大家都認為這些文化是從湖北傳播到湖南的。但是，我們現在知道，從彭頭山到皂市下層，這個地方應該是首先發展起來的，進而影響到湖北地區的考古學文化。」

　　我覺得，考古研究本身很受資料限制，哪裡出來的資料越豐富，研究就越容易展開。中國考古學的發掘地點一開始就集中在黃河流域，加上中國這片古老大地本來就有著豐厚的考古資源，只要稍加思考、選點合適，發掘出來的資料通常不會讓人失望。而且黃河流域本來就是殷周以來歷史事件的大舞臺，文獻記錄汗牛充棟，且中國傳統學問重經學、史學和文學，在

這種種背景下，很難相信近代考古學在外國傳入以後不會向傳統學問靠攏。事實上，這種明顯的「證史」傾向從安陽殷墟發掘開始，到現在也沒有改變，而且傳世歷史文獻的研究往往處於主導地位，考古資料只是輔證。考古學的發展倚重資料的發現，而在重要遺址發掘選點上的偏好則註定了一些地區的後天資料優勢，這使得在討論歷史和考古問題時容易產生偏見。立新老師說過，考古學的論述往往是「說有容易、說無難」，但就是這個原則使一些因後天資料劣勢的地區不受重視和待見。

繼續走在雞叫城的小路上，封老師開始向我們介紹遺址附近的情況：時代最早的華墻遺址處於澧陽平原西部的邊緣，臨澧丘陵地帶的邊緣上。城頭山則是西部接近崗地，東部面向盆地。而雞叫城位於整個澧陽平原的最中心，它周圍都沒有山。雞叫城的東面有很多遺跡，也有多個聚落點。

依我的感覺，這中間有個規律，隨著時間發展，這些遺址由丘陵山地往平原地帶移動。封老師贊同我的想法，且說這也是各地人類發展的一般規律。雞叫城發掘的面積不大，但是收穫的遺跡和遺物是比較豐富的，它有三道環壕，每一道環壕裡面都有水。目前可以確定雞叫城最早是屈家嶺文化時期修建的。趙老師曾經數過，雞叫城第一次建城的時候周圍有 9 個聚落；到石家河文化時期，也就是第二次建城的時候，附近的聚落一下增加到 30 多個。澧陽平原壕溝系統的水都是活水，都是和自然河道相連的。

雞叫城的水道

　　我們沿著水泥路走到遺址西邊的第三道環壕，而道旁的村民正在清理邊上的排水明渠。仔細看，每隔一段距離就有一個水閘控制流量。靠近農田的一邊亦有管道在水泥路下經過，與明渠相連，其中一塊水田的抽水機在隆隆運行，把水從田裡排走。我突然想起課堂上的討論，要種植水稻，農民就要對水有所管理，而水是從外面引來的，且是村民們所共享的，因此共同合作必不可少。在現代，相對新石器時代這麼久遠的年代，科技與社會已有很大改進，但對水的管理，如疏浚管道、引水等仍需居民們共同協作才可順利，古代的先民們也必定面對著同樣的問題。封老師在一條緩緩流動著的河道旁停了下來，指著約有十來公尺寬、兩岸整齊的水道，認真地說明。

封劍平老師 這裡有通道與自然河道相連。1970 年代以前此處還可通船，這就是進水口，這裡及周圍都有屈家嶺文化遺址。從此出去有條河，可以通澧水，從澧水可以通向洞庭湖。我們叫這個進水口為長河堰。

趙亞峰老師 70 年代大改造以後導致地形變化很大，要是能找到 70 年代之前、60 年代的地形測繪圖就好了。不過一直都沒有找出來。

立新老師 我記得 70 年代測繪過全中國的地形圖，那個不知道能不能找得到，是 5 萬分之一比例的。我記得日本人跟荊州博物館一起挖陰湘城，他們當時找到了 1930 年代日本人在這一帶測繪的地圖。

封老師 我看過日本人曾經到這裡繪製的軍事圖，連一個小名字都有，小橋都標出來的，特別清楚。

趙老師 如果不是破壞這麼嚴重，我們現在來考察，應該要坐著船的。哈哈！

麗霞同學 （真的在老師旁說自己的想法）總體來說，雞叫城從裡到外以同心圓的型式有三道環壕，並且環壕之外還有蛛網式放射狀的外延區域，分佈著若干聚落吧！

立新老師 嗯。（又回頭看了看繼續問趙老師）趙老師，你覺得蛛網式相連的那些區域，有沒有可能是當時的稻田，這些水網就是當時的灌溉系統？

趙老師 我們就是沒有找到相關的稻田遺跡與河道系統。

主要原因是目前在雞叫城做的主要工作都是調查和試掘。如果我們做一個長期的發掘，那麼就有可能可以進一步瞭解。如果有文化層，那可能是有人住的地方，因為蛛網式的小塊區域有的有文化層，有的沒有，沒人住的地方很可能是稻田。

立新老師　我覺得蛛網式水系很可能跟稻作有關係，考古常常要找文化層，但是稻田這類遺跡本身不見得像文化層，所以很可能被忽略。

趙老師　對，我之前在發掘一個遺址的時候，有意擴大外圍的探坑，可惜發現的植矽體標本檢測出來的結果不符合稻田標準。

立新老師　需要看用什麼樣的標準。比如說土壤結構，或水稻植矽體檢測。不同時期的耕作方式不一樣，比如說現代稻田是不燒稻草的，但是以前的稻田據我推測很可能是經常在收穫稻子以後就地把稻草燒掉，這樣留在土裡的植矽體含量就不一樣了。

趙老師　找稻田遺跡的一個大麻煩，就是如何認定。應該制定一個規範的認定標準才好。

立新老師　這個標準還是要從實踐出發來總結。

趙老師　其實我們發掘的時候也會有意地尋找水稻田，但是發掘面積有限，要是發掘面積大，都會注意這方面，有時候看到靜水環境中的水平相沉積都會首先考慮是不是水稻田。現在能做出一個水稻田，那個意義實在是太大了。

大巴進不來，我們往回走吧！柏熹，你也受不了這太陽啦？今天也太熱了吧，萬里無雲呀！

❖　　　❖　　　❖

當我們轉身往回走時，腳上踏著的是一個小小的黑影。所謂「人有多胖、影有多大」，原來已經正午了。明立笑著看我翻出傘，然後大家開始三三兩兩、疏疏落落的往回走。天氣熱得大家都懶得說話，返程的路也變得有點長了。

總算回到車上。大家上車前都不忘在旁邊的小商店買點消暑的飲料。「啵、嚓……」車廂內響起了一連串打開易開罐的聲音。同學們都叫著：「這大太陽還要不要人活了？」我喝了一口涼茶，把冰涼的罐子貼在臉上說：「在這麼熱的天走了走，古河道見到了、現代水田見到了、古城垣殘存的小坡也爬了，但就是感覺不出古城的風貌。」梓浩把飲料整罐乾掉，然後說：「雞叫城的民房是有點多，因此不容易看出古城的原貌。下午我們去

回車上消暑

城頭山就很厲害，應該可以清楚的看出古城的外貌和佈局。這個城頭山遺址很讓人期待呀！」梓浩握著拳歡快地說著，眼裡充滿了對考古的熱情。這時大巴士緩緩的倒車向後，轉身開上了大路，離開了雞叫城，回到縣城吃午飯，下午繼續參觀城頭山和彭頭山遺址。

城頭山：誕生國家的蒼茫之地

大巴士停在了一片空地，我們魚貫而下，踩在有點兒軟的深褐色泥地上。在褐色的地上有很多又寬又長的車胎痕，它們在空地上顯得特別凌亂，凹凸不平、形狀不一，有的直、有的彎、有的呈 S 字形。但漸漸地，不同的痕跡向著一個方向匯聚，彷彿是有無形的梳子把它們都整理一番，束在一起。穿過那新建的大門，就是興建中的城頭山遺址博物館。

老師們的腳程總是最快，下車不一會就走在最前頭，學生們總是紮堆走在後面，而我就常常在人群的最後方，把我的照相機掛在頸上，調一調設定，再三步併作兩步走趕上大部隊。在我趕到時，講解員已出現在入口處靜候我們的到來。

講解員領著我們在兩堵高高的土牆間穿梭，往一座平房走去。正如趙老師所講，城頭山遺址的環壕被恢復起來了。開闊的水面分隔著城外和城垣，城垣與河面之間又有一處平坦的階地，比水面略高，然後慢慢抬升至殘存城垣的頂部。原來在報

城頭山護城河

城頭山遺址博物館景色

告裡面所看到的線圖在我們面前重現，那種規模之大不禁讓人感歎先民們的改造力。明立笑著說：「當時的人真厲害！」我們都用力點頭贊同她的說法，然後齊刷刷地拿出相機，嘗試捕捉古人的氣魄和力量。如果古人沒有一個有力的組織和帶頭的人，肯定不會做出這種事情。何況這麼大的城，要建起來所需要的人力、物力可不少，可能是集結了當時多個聚落的力量共同建成的。

▶城頭山城址現狀航拍
全景圖

▼城頭山遺址博物館的
建設

發掘現場的復原

這個平房是城頭山遺址的一個展示廳，一進門就看到遺址航拍圖。講解員接著解說一些墓葬，其中一個成年男性墓葬的隨葬品豐富，他的身分肯定非同一般，可能是部落首領。另外，講解員也介紹了一些祭壇和坑的遺跡，這些遺跡的出土遺物十分豐富，可能與古代的祭祀儀式有關。最有趣的是房屋建築，有套房的形式，有的房址內部又有連體灶，房子外的路旁還設有排水溝，整個城址規劃得井井有條。聽罷，講解員帶我們到外面看遺址。

經過正在施工中的現址展示館，建築工人和考古隊員還在默默地工作著。我們知道城頭山將來要建成一個遺址博物館，一些展示區和保護性建築已經初見規模，而一些展館和設施則仍在施工中，我想，將來一定會成為湖南省旅遊業的一個新亮點！這時講解員領著我們走到遺址中心區，讓我們看看各種作坊和房屋等遺跡。

民工在野外臨時安排炒菜灶

❖ ❖ ❖

城頭山講解員　城頭山遺址的中心位置發現很多建築遺跡。此外還有距今 6000 至 5800 年前的製陶作坊區，其中發現了八

座結構非常完整的陶窯，還有相應的配套設備，比如裝水坑和簡易工棚等。城中偏北是公共墓葬區，發掘面積共 400 多平方公尺。城東部發現的遺跡較多，有距今 6500 年的水稻田遺跡、距今 6000 年的祭壇和數量很多的祭祀坑遺跡，以及距今 5300 年前的城門。此外，考古發掘還發現，古人沿著城東西方向鋪設了 5 公尺寬的卵石路，通向城門外的護城河。北門有一個池塘，與護城河相通，推測可能是當時的一個水門，供居民取水、灌溉用的。而西門區域則在去年的考古發掘中發現了一個城牆豁口，城牆外面有另外一個土台，推測可能是當時的居民通過護城河取水的平臺。

整個遺址西高東低，依據這一原始地形，應是古人在城東邊人工開挖了一個護城河道，與自然河道相通，這自然河道就是澧水的支流澹水。通過與外面的河道相連從而保持護城河裡面的水位高度，同時也利於交通運輸。而且這一段護城河的河床低於其它護城河，所以說這裡可能還有攔水的作用，就是在雨水少的時候還可以儲水。水多的時候，也可從鋪有蘆葦席的這一段護城河進行放水，有點像大壩的作用。

根據當地村民回憶，在修建現代水田之前，也就是還沒有取用城牆土的時候，城牆高度要比我們現在看到的高 2 公尺多，說明城牆的規模還是很大的。現在依然殘存下來的護城河也有 35 至 50 公尺寬⋯⋯

麗霞同學 城頭山遺址在湯家崗文化時期有稻田，我在想，

有稻田就應該有人住，但是在湯家崗文化時期的居址好像沒有發現。

明立同學 祭壇跟稻田肯定有關係。稻田是湯家崗文化時期的，但是一直沿用到了大溪文化時期。我們在課堂討論過古代文明廟田的作用，靜云老師也曾經教過我們，可以從世界的視野，看中國的文明，例如將兩湖文明同兩河流域文明進行比較；如果將七星墩遺址、湯家崗遺址及其周邊環繞的小聚落這一現象同兩河流域的蘇美城邦國家做比較，是不是也可以呢？我在腦子裡努力搜索蘇美城邦國家是怎樣進行經濟交流的，可就是想不出來。所以，我要深深地自責一下，為什麼不好好學習世界史？書到用時方恨少啊！

靜云老師 （微笑）明立，你的人生還有很長，有時間可以補很多知識。另外，麗霞你寫論文時要多留意：祭壇裡面有很多灰坑，也有墓、動物、人骨、大片紅燒土。附近有一座大墓，還有窯址。還要特別注意，最近他們在南門口還發現了碼頭。我們上課討論的時候說過，城頭山與外界交流和貿易，應該需要船運，發現碼頭就是很好的證據。有碼頭很可能還有倉庫。雖然碼頭的資料暫時還沒有發表。

立新老師 柏熹，多拍一點圖片和環境的照片。考慮問題時要把自己想成是古人，看看他們怎麼生活，嘗試設身處地感受他們所處的環境。雖然現代和古代肯定有不少差別，但實地考察的目的就是讓自己更接近古人生活過的地方。多拍照片可以

讓你回去後幫助回憶，引起思考！

❖　　　❖　　　❖

照個不停！

　　我聽著老師的提示，把相機架到眼睛的高度，非常敬業地照個不停。午後的陽光把人的影子拉的有點長。往西看去，光線射到深邃厚重的鏡頭裡，穿過一片片透鏡成了影像，也折射出了紅紅綠綠的彩色光暈。「這逆光的方向真不好拍……」我似乎沉醉在這拍攝的瞬間，一邊喃喃自語，一邊使出了「十八般武藝」，側身、踮腳、蹲下，好不容易拍了幾張照，在螢幕上看了看效果後，骨子裡多少有一點的「完美主義」情結又開始發作，皺一下眉頭又再次拍了起來。

　　隨著講解員來到城中心的製陶作坊區，也就是發掘報告標示的第三區。這裡有八座陶窯，還有裝水坑、拌料坑、工棚等，可能是一個完整的製陶作坊。如此齊全的製陶設施，激發我們想像古人是如何一個一個步驟製作陶器的。接下來看到房屋建築，它們是屈家嶺文化時期的三套房子，編號 F87 的上面有 F88，下面有 F86。有日本人做過研究，認為它們是同一個時期的，其功能應該是神殿。

製陶作坊區

大型建築遺跡（神廟？）

東亞最早城址區現在是一片蒼茫之地

離開城中心區後，往外圍的濠溝走去。講解員在空中比劃著說明：「這邊的老護城河保存很原始，有三塊，這邊我們看到的是第一塊，往北還有兩塊。」城頭山的遺跡分佈十分規整，似乎在建城的時候，就像現代人一樣，已經規劃好城內的一切，在哪個地方留有出城的道路，哪個地方修河壩放水，都已經考慮到了。

　　我們接著爬到西面的城牆上遠眺風景，五、六千年前此有國家的誕生，現在卻是一片藍綠的寬闊蒼茫之地。這時候詩螢說，覺得立新老師帶著學生考察有爸爸的形象，靜云老師也十分認同，趕緊讓我為他們仨拍了一張合照。他們把頭輕輕地側向一個方向，看來還真有點默契！

　　拍照以後，趙老師看看手錶說：「參觀得差不多了，東西都很有意思，大家回去多翻一翻原始資料。我們大家一起合影留念，然後去看下一個點吧！」聽見老師的號召，大家開始沿

師生一家親

著城頭山的城內小路往回走。襯著遠方歷經數千年滄桑的城牆，逐漸走近距今萬年的遺址——彭頭山。

彭頭山：萬年栽培水稻之地

先寫我的「功課」——彭頭山遺址簡介：

「彭頭山遺址位於低矮的小土丘之上，海拔高度不到45公尺，相對高度約8公尺，地貌為澧陽平原典型崗地。崗地地勢開闊平坦，但形狀不規則，東西最長有190公尺，南北最寬處有160公尺，面積約3萬多平方公尺，有房屋、灰坑、道路、晚期墓葬等遺跡。」因為這地方有近萬年栽培稻作的歷史，所累積的破壞較為嚴重。不過看看現在生活情況，在想像中復原古代，一切似乎不變：遺址周圍都是稻田，崗地上有村落，民房旁邊種豆子。通過現代的村落，我們彷彿也認識了彭頭山人。

彭頭山遺址出土了陶器、打製石器、磨製石器、動物遺骸和稻作遺存。不過動物遺骸只有極少量的鳥類小碎骨，也沒有骨器。靜云老師認為，在彭頭山文化遺址發現木器，但沒有發現骨器，這應該能夠說明彭頭山人基本上放棄獵大型動物的狩獵生活，以射鳥、捕魚、採集與栽培可食植物為生。

今天我要第一次前往我的「功課」現場。跨過城頭山的護城河，在封老師的帶領下，向著平原上的村落走去。一路上遇

左：彭頭山村落　　右下：彭頭山大豆　　右上：彭頭山人

見的村民不多，村裡的房子總是成排出現在田間與路旁，看上
去都有點新，房前的平地最適宜用作曬晾，那灰白的水泥地做
得很是平整光滑，看來都是近年農村改造的成果。不少房屋院
子裡種了果樹，樹下不時有放養的雞走來走去。不知是否因為
到了傍晚，感覺有點涼快了，而同學們好奇的小引擎似乎才剛
發動，沿途拍照打鬧，歡笑聲不絕於耳，為田間安靜的風景注
入了青春的活力。

　　經過一個小小的上坡路後，我們到達一處低矮的小土崗
上，大家開始圍在一起，原來我們已從城頭山步行到達彭頭山
遺址！領隊的封老師開始介紹：彭頭山遺址的保存狀況沒有

八十墩好，這裡也不打算建遺址公園，從 1988 年發掘以後就沒有更大的動作。當年的發掘地點分別在這塊臺地的三個地方進行，主要的發掘區在臺地的中部，另外的探坑和探溝都佈在臺地的邊沿。雖然揭露的面積不算大，但都發現了房子、灰坑、墓葬等遺跡，主要分佈在臺地的中部。遺物除了陶器外，還在紅燒土上發現了稻桿和稻葉的印痕。這時老師們正在研究同學們在路邊撿到的破碎陶片，有豐富田野經驗的立新老師和封老師，很快就辨認出其中有彭頭山文化的陶片。此時一旁的梓浩又開始嘰嘰喳喳地說個不停，說彭頭山文化的陶片外表斑駁，陶質軟，胎心往往夾炭。聽起來就像是陶器教授在講課。

日向西，身影變長，隨著稻田之間的路走出萬年稻作故鄉。

日落西山，隨著我們的身影不斷拉長到消失不見，我們又該踏上歸途了……

這幾天的行程都密密麻麻的，真的好想美美的睡上一覺。結果，飯桌上老師們亮出了來自臺灣的特產——金門高粱，看來老師們也需要借酒解累。我只好捨命陪君子，做好一醉方休的準備了。

需要借酒解乏

8月8日　天晴 ☀

野外萬年旅行

（摘自詩螢同學日記）

今天是炎熱的一天，毒辣的陽光不只讓皮膚覺得發燙，連眼睛看著景色時都覺得刺目，稍不注意或許就會中暑了！但今天的行程非常滿，要去臨澧杉龍崗遺址、華墻遺址、九里楚墓群、申鳴城，還要去常德市博物館。這麼多的行程，真擔心一天之內看不完，不過還好每個地點距離都不遠。

杉龍崗與華墻：新發現的彭頭山文化早期遺址

在路上我們跟臨澧縣博物館的工作人員會合，在他們的帶領下，首先來到位於臨澧縣新安鎮的杉龍崗遺址。

該遺址地處澧陽平原西部，面積約 3 萬多平方公尺，跟其他彭頭山文化遺址一樣，是一處河旁崗地遺址。這裡在萬年前是野生稻叢生的崗地，考古學家在此也發現了距今 9000 年的半馴化稻米，遺址地層中含有彭頭山文化的夾炭陶片，以及不少碳化的稻米。時至今日，這塊土地上依舊是一片稻田。

當時的陶片可能因為火候不高或者製造技術不良，相當易碎，所以發掘時要「起出」土裡的陶片是十分困難的。臨澧縣博物館的工作人員曾親自參加發掘，在他們的帶領下，我們在一塊田埂邊用手鏟刮一刮，就露出 9000 年前彭頭山文化的地層，地層中還夾有大量陶片。萬年前的人類生活痕跡近在眼前，我不禁有些感動。我對於碳化稻米存在土壤中的狀況相當好奇，但是杉龍崗遺址的土壤顏色偏深，而且稻米又小，實在

無法知道眼前的土坡上是否存在碳化稻米。因為植物種子大多要通過浮選的方式才能從土中篩出來，今天想必是無緣得見杉龍崗遺址的碳化稻米了。

手拿鏟子刮一刮，萬年前的人類生活痕跡近在眼前。

　　離開了土坡，我們來到遺址頂部，但見附近一條小河流過，不遠處即為武陵山脈群山起處，澧陽平原之盡頭。在前幾天的考察時討論過，澧陽平原並不那麼平，其中有不少小型的「山、崗、壋」。現在一看，確實是這樣，杉龍崗、華壋、八十壋、彭頭山，都在山前地帶的二級臺地上，而且都剛好有早期彭頭山文化的聚落。想起靜云老師在課堂上說過，古人最初到平原定居時，多是選擇住在近山的山前臺地。除了接近以往所居之山洞，可利用山中資源外，一旦遇到突發事件，也方便躲藏逃跑，此外也因為在小丘間的山谷裡更容易栽培水稻。雖然山谷空間有限，但當時人口也不多，應該足以供給。谷內春天積水，夏秋水乾，是自然稻作的理想條件。現在親眼看到杉龍崗遺址的地形，我更加確認了這種說法。

在臨澧博物館工作人員的帶領下，我們繼而驅車來到離杉龍崗不遠的華墻遺址，這是一處距今一萬年的新石器遺址，是目前澧陽平原迄今發現最早的新石器遺址，而且也發現了萬年前的陶片。這些陶片有夾炭陶，也有不夾炭的陶器，目前推論可能是彭頭山文化的最早階段。此處發掘相當不易，因為地層在以往所謂的「網紋紅土」之下，泥土十分堅硬，並且陶片軟而易碎。而「網紋紅土」層以往常被視作是生土層，但現在看來，網紋紅土層下還是有新石器時代人類活動的遺存。我們以後發掘時要注意學習這個經驗。

趙老師遞過來一把鋤頭，對著一位同學說，「這兒有個斷面，你用鋤頭清給大家看看。」不過，同學們多半不會用鋤頭，更別說是挖掘堅硬的泥土了，就連使用的樣子都很滑稽。我也試著拿了一下鋤頭，但因為實在沒有力氣，揮起來的樣子軟弱無力，讓大家哈哈大笑。立新老師似乎看不下去了，一手奪來鋤頭就開始清理，三兩下工夫就清出了一截斷面。立新老師一邊擦汗，一邊觀察著斷面中的陶片，說彭頭山和八十墰遺址發掘時也遇到同樣困難的狀況，土壤很硬，而陶片很軟，稍不小心陶片就碎了。

說著說著，立新老師問：「華墰遺址既然在平原，人們為了居於平原需要建造一些防禦設施或者居所，目前華墰有發現遺跡嗎？」趙老師說，華墰有遺跡，是壕溝，而且它出土的陶器不是一片一片的，是一堆堆的，可以復原。不過陶片質地比

華墻遺址區沒有樹影：考古學家在大太陽下手拿一把鋤頭幹體力活

我拿起鋤頭但無力挖掘，惹得大家哈哈大笑。

立新老師一手奪來鋤頭，三兩下就在斷面中見到陶片了。

較軟、易碎，在發掘時真的很困難。華墻遺址是按照舊石器時代的方法發掘，發掘得非常細緻。因此，我十分期待華墻遺址資料的發表。

看起來，人類很早以前就在澧陽平原生活繁衍，並且在一萬多年前即已離開山洞，生活於澧陽平原中。考古隊的相關人

員也說在澧陽平原的舊石器遺址相當多，不僅最早出現人工馴化稻穀，也最早出現城——城頭山，這並非偶然。既然此處為人類長久生活之地，人口增長產生的壓力自然導致需要建立一些防禦設施。

知道了這地方也有舊石器時代晚期的遺址後，我們在當地工作人員的引導下，在九里楚墓附近的舊石器地點，採集到舊石器時代晚期的石斧、砍砸器、刮削器等等，和新石器時代的石器相比較，舊石器時代晚期的石器較大，是典型的粗壯型砍砸器，根本不是單手能拿起來的，加工痕跡也不明顯。如果不是老師們說這是人工加工過的石器，我會以為是普通的石頭。由於能夠那麼近距離觀察舊石器時代的石器是很難得的機會，所以每個同學幾乎都摸了摸那幾件石器。我也不例外，因為力氣太小，在試著把石器拿起來時，被同學制止了；不過，在仔細觀察之後，加上柏熹同學的講解，大家對人工加工石器的痕跡都有了感性和更深入的認識。

上：新石器時代早期石質工具
下：舊石器時代晚期石質工具

九里楚墓群與申鳴楚城牆

澧陽平原各個時代的古蹟分佈很密集，從舊石器、新石器到戰國秦漢，遺址與遺址之間都可以走路過去。我們想看的楚墓群位於臨澧縣九里鄉，是湖南省規模最大的楚墓群之一。共發現 400 多座墓，其中有 24 座大型楚墓，大型楚墓的規模較長沙馬王堆一號墓更大，看 1980 年代發掘時的老照片，墓旁邊

墓呀！

站的人就像螞蟻一樣小小的。雖然這些墓曾兩度被盜，但仍出土了 300 多件楚簡、銅器、玉器、陶器等文物，其中著名的器物有彩繪大漆案、鳳虎鐘鼓架、龍鳳銅鼎等。

▲九里楚墓：在墓邊的人就像螞蟻那麼小

臨澧博物館的工作人員帶我們走上其中一個大型楚墓，像是登小山似的還得稍微費點力。站在楚墓頂端，附近的情況便一覽無遺，可以明顯看到附近有許多在平地上隆起的大型楚墓，也許就是因為這些楚墓太過容易被發現，所以才會遭受盜墓賊的破壞吧？在路邊，我們見到有農民賣西瓜。天氣太熱了，加上剛才大家努力地找石器時，幹了一點體力活，出了一身汗，所以都想吃西瓜解暑，可惜路邊不好停大車，只好放棄這一念頭。到了楚墓區才發現，西瓜就是在這裡種的，農民也大方，直接用手破開請我們吃。真是太棒了！

▲九里楚墓出土的鳳虎鐘鼓架

農民在路邊賣西瓜：可以解渴了！

　　臨澧博物館的工作人員熱情周到，建議我們順便參觀附近的申鳴楚城牆。能夠有機會多參觀一處遺址，當然是大家所樂

見的，於是我們便在他們的帶領下，前往申鳴楚城牆。該城牆大約是建於戰國晚期，即是屈原那時候的城牆，至今仍可見到內城的護城河，城牆均是版築結構。現在殘存的城牆大約還高2到3公尺，若不是考古隊員指出來，或許我會覺得那只是一處較高的土坡，但近看之後可以發現城牆的土和一般自然形成的地層不一樣，城牆的土是花土，因為從不同的地方取來，將土混雜之後自然會出現這種情況，這是明顯的人為痕跡。

立新老師看到土城牆思考：屈家嶺、石家河時代的城與楚城在安排結構和築城技術方面有沒有傳承關係？

參觀常德市博物館與庫房

下午，我們前往常德市博物館參觀。由於我和明立同學對於歷史文物展比較感興趣，便手拉著手先一步前往歷史文物展廳參觀。

該展廳內展出了湖南省最早的舊石器遺址，距今50萬年前的津市虎爪山遺址，以及該遺址中發現的生活用具和動物化石，另也展出舊

手牽手前往常德博物館

石器時代的人骨，於常德石門縣燕兒洞發現的左股骨化石，被命名為石門人的這段化石，是目前湖南省唯一的人類化石。在新石器時代的展區裡則主要展覽八十墻遺址、城頭山遺址等較為重要的遺址。新石器時代之後則直接接續到春秋戰國時期至漢代的出土器物，其中也展出了今天才去過的九里楚墓出土器物。我們一行考察團成員對於戰國時期的漆座鎮墓獸與漢代滑石鋪首是否有關聯討論許久，立新老師提出鎮墓獸與鋪首的獸面構圖，或許與高廟之類的山區獵民後裔互有關聯，這種狩獵文化的記憶從新石器時代流傳許久。

參觀結束後，常德市博物館館長特別允許我們參觀尚在整理中的漢墓出土的隨葬器物，主要是以仿銅陶禮器、陶偶、陶

左：東漢墓出土的陶樓
右：在常德博物館的庫房裡，館長介紹漢墓隨葬品。

塔樓等明器為主，其中也包括常德本地出現許多滑石製的仿銅禮器。這其中以滑石質面相最讓大家感興趣。靜云老師說這樣的形狀很有歷史，是古代信仰演化的餘音，但可惜沒有時間做進一步解釋，老師說她在《天神與天地之道》一書會討論，期待能快點讀到。

館長特別讓我們留意的資料是──滑石。為何此地出現那麼多滑石質地的隨葬品？為何此地突然重視滑石？由於以前未曾注意到此地在漢代有滑石器這個問題，所以雖然我們進行了一番討論，仍沒有比較讓人信服的結果。滑石製成的隨葬品出土後外表均光滑細膩，摸起來觸感舒服，石材本身的白色在以紅褐色為主的陶禮器中顯得特別引人注目。我個人覺得因為漢代人在信仰方面變得較為薄弱，也許突然採用滑石製的隨葬品並非是出於信仰的轉變，只是單純覺得漂亮和容易製作，讓人們轉而使用而已。

常德南坪鄉
西漢墓出土的
滑石面相

激發師生思考碰撞的交流時間

　　晚餐後我們借用了常德市博物館的會議室，討論這幾天的參觀心得。首先梓浩與鈺珊都對夾炭陶中的炭是什麼東西很感興趣，因此提出疑問，希望老師們回答。

❖　　　　❖　　　　❖

陶器起源
探秘

立新老師　形成陶中夾炭的原因有很多，有可能是陶土裡頭摻入稻穀殼，或是草木灰等等，都會形成夾炭陶。夾炭陶應是最原始的陶器，泥土拌草之後可以增加陶坯的拉力與張力，含草木的陶坯經火燒過後便成了夾炭陶。

靜云老師　立新老師所說的是彭頭山文化的情況，但還有其它例子，如長江下游河姆渡文化一期的情況。河姆渡文化一期大多數陶器內都摻和了大量的植物，因此河姆渡陶器特別黑。河姆渡的做法或許是傳承自最原始的製陶方法，即舊石器至新石器時代的過渡階段。為說明這一問題，我可能需要從更久遠的時代說起。

　　原來學界普遍認為農作起源與陶製技術起源互相關聯，是新石器文化兩個重要特徵，但因為考古

學家在舊石器晚期地層中也逐漸發現一些陶器遺存，所以最近有新的理論說這兩個特徵之間並不完全關聯。但是，我還是認為原來的說法比較準確，只是需要再稍微精確化，加以思考陶器出現的原因。我們腦海中試試回到舊石器時代：人類當時的食物是肉，生活方式是依靠森林狩獵和採集。在舊石器時代晚期，氣候快速升溫，環境隨之多元化，食物來源也豐富起來了，嚐嚐（將手中生的稻穀遞給我們）。這些問題我們在課堂上已經討論過。

採集蘑菇、根果籃子

籃外塗上黏土，就可以用來採集穀類

經火後，獲得夾碳陶器

舊、新石器之際如何出現夾炭陶器？

鈺珊同學 生的稻穀怎麼吃？

靜云老師 你們在鄉村的生活經驗太少，只看見過全熟的稻穀，全熟的穀子很硬，半熟的穀子則又軟又好吃。

立新老師 未完全成熟而剛灌漿的穀

子，味道香甜，蠻好吃的。

靜云老師 所有的穀類皆是如此。小時候我在立陶宛生活時，超級喜歡從麥禾上吃裸麥，小麥也可以，但裸麥粒較大，比小麥好吃。其實你們也有這種經驗，而不用聯想。比如說玉米。市場可以買到小玉米，也就是臺灣的沙拉吧中常供應的玉米筍。玉米變大但不全熟時依然可以生吃，我曾經在匈牙利的農村待過，在玉米田裡吃過，一粒一粒吃挺不錯的。但是它越熟越不能生吃，需要先稍微煮一煮才好吃。如果等到玉米全熟掉下來，那僅僅稍微煮還不夠，要煮很久或磨粉才能吃。其它穀類也一樣。

柏熹同學 原來他們吃未熟的，所以發現稻子好吃，這樣比較可以理解，否則從完全不認識稻穀的特性就開始煮飯，感覺有點奇怪。

靜云老師 當然我所說的只是假設而已，無法用試驗證明，這是依靠生活經驗試圖瞭解古人行為的假設。其實我認為，考古資料足以表達煮飯（肯定是稀飯）是第三階段的認識，更早的一次應該是人們學會釀出清甜的米酒。不過我還需要好好整理相關資料和論述思路，所以先不談。

我們先回到陶器問題。早期古人開始採集蘑菇、甜果、甜根，同時應該已學會編籃子。但是在開始採集穀類時，只懂得使用籃子的人類，面臨了難以收集穀物的問題。無論多麼精密的籃子，都會有小孔，而野生穀類的顆粒又很小，容易掉落，

一不小心就像是「竹籃打水」一樣。這就是陶器發明的原因，沒有需求就沒有發明。當人類不僅是偶爾吃吃，而是開始重視穀類的食用價值時，他們才會想盡辦法大量採集，進而發明符合該目的的容器。既然人們已經重視某種穀類，他們就開始多照顧它，這就是原始栽培。所以，我們很明顯可以看到：農耕與陶器這兩個新石器生活方式的指標是互相關聯的，對穀類的需求促進陶器的發明，同時也促進農耕生活的萌芽。

鈺珊同學 但老師剛才說這是舊石器時代晚期的故事。

靜云老師 時代和文化是兩個概念。在作為時代概念的舊石器時代晚期，少量的人群已經進入新石器文化，但也有很多人群還維持著舊石器時代晚期的生活方式，因此即使開始出現新石器文化的生活方式，並不代表全部人都進入新石器時代。況且，即使率先進入者也未必能繼續發展，也許隨著自然環境變差，沒幾年就要回到舊石器時代的生活方式了。這就如同人類進入水中未見

趙老師參加心得交流；麗霞做現場記錄

得一定會游泳，但即使有的人學會了游泳，還是會因為不小心而在大的波浪中淹死。

立新老師 哈，孩子出生，不保證會長大。

靜云老師 是的，這是我經常說的話，提醒大家。或者這樣說，考上美術系不保證能成為畫家。所以有的地方在舊石器時代晚期已學會製作土器，但未必能一直發展下去。

梓浩同學 老師，我想回到夾炭陶器的問題。我好像剛才明白了，古人為了採集穀類，在原有的籃子上糊泥後再用火燒，這樣就不怕小的穀類掉出來。因此早期的陶器自然是夾炭的。

靜云老師 沒錯！但是我們還可以考慮一點：最早的陶器並沒有燒，只是曬而已，是生陶。

立新老師 我覺得這樣更好理解：當時並沒有專門燒陶器的人，他們怎麼可能預先就知道燒後會變得更堅固？或許是在剛開始時，只試試用火加工在生陶容器裡裝的東西，才發現生陶容器本身經燒製而變得更好用。他們不是受到「天啟」，而是在煮東西的時候偶然發明燒陶技術。

靜云老師 很有可能。但陶器不是只被發明一次，並非從一個源頭傳播到全世界，而是很多人在不同的地方都有發明。因此，可能有發明陶器的多條路徑。有些偶然發生在曬乾的泥土，如果再燒烤就變得更硬。有些地方可能由於日照不足，泥土曬不乾，只好用火烤乾。重點是我們還是認為，陶器的出現與食用穀類有關係。

詩螢同學 太棒了，我覺得老師們的推理十分有趣！這件事情就好像青銅時代早期的人用陶爐，發現高溫會使窯壁瓷化，自然發明陶範、硬陶和原始瓷器。也就是說，所謂的「發明」實際上是「發現」，都奠基於先有的經驗。

鈺珊同學 新石器時代早期的夾炭陶器中隱含著舊石器時代的知識傳承？或者新石器的人，因為重新面臨同樣的需求，而重新發明（或者像詩螢學姊說的「發現」）？

靜云老師 都有可能！人類歷史是源遠流長的河流，而不是一刀兩斷的斷代，但這並不意味著河流的水永遠不會乾。有時候原來是寬大河流，但只留下小溪，不過這一小溪能有傳承古代水文訊息的作用。但也不能排除小溪也會乾掉的情況。人類其實多次發明過同樣的知識，在舊石器晚期與新石器早期的溫暖時代中間有一千年的冷化間隔，那時候野生稻分佈地帶南移到珠江流域。那時，嶺南地帶有沒有人採集稻穀？有沒有人保留土器技術？兩廣地區還沒有發現早於新石器時代的陶片。所以從目前有的考古資料，可以推斷重新興起的情況。但說不定某一天會發現舊、新石器之間存在的陶器缺環。

　　雖然大家還有很多想討論的問題，精神也還十分興奮，但連日的考察仍使身體出現疲勞的狀況。因此，還是要早點睡覺，後面還有很長的路要走。

8月9日　天晴 ☀

山埡之路

（摘自柏熹同學日記）

湘西高傲山巒之景

　　今天又是一個轉移「陣地」的日子，我們如常早起，吃完早餐，收拾好大大小小的行李（因為幾乎每天都採集陶片，所以車上增加不少零零碎碎的東西），爬上大巴士準備出發。昨天才剛到常德，在這裡休息了一個晚上，今天就要去龍山里耶。這次行車距離應該算是整段考察中最長的，司機說由常德去，交通順暢都要跑半天，中午過後能到那裡已經很不錯了。早上的陽光斜斜地照進車內，大家剛坐好，連日來考察的疲憊促使大家不約而同地拉上窗簾，好像都準備在這段長途車程中補眠。大巴士慢慢地駛離市中心，走上高速公路，往湘西前進。

　　車子搖搖晃晃令人昏昏欲睡，老師們都沒有什麼話，安靜地休息著。在這個時候，像我這樣還是精力旺盛、活潑好動的學生當然不會安靜坐著，手機、相機、零食，還有未吃完的包子都拿在手上。當外面的風景變得千篇一律時，車內便有了另一番「美景」。

　　梓浩這時把頭髮一抓，在頭頂紮起了一個噴泉般的小辮子，正好充當大家的模特兒，同學們都拿起相機一直拍，還說他這樣子很有趣，明立同學說他像秦吏的樣子，正好符合去秦代里耶古城的行程。

　　在歡笑聲中，我們東拉西扯、談天說地，直到大家聊到有點累了，才在晃悠悠的車廂中緩緩地進入夢鄉。當我們從睡夢

打扮成秦吏去秦代里耶古城

中醒來，把車窗的窗簾慢慢打開，一個陌生的、不一樣的景象
展現在眼前。過去這幾天，窗外的風景常常是一望無際的農田
與平原，與藍天在遠方相接，日日如此便讓人覺得索然無味。
而現在，起伏不定的山巒突然出現在眼前，把累積多日的審美
疲勞一掃而空。同學們在座位上欣賞了一會兒，便紛紛拿出了
相機，迫不及待地用快門記錄下窗外遠近不一、高低起伏的山
地風景。

　　我翻了一下手上的湖南地圖集，估計我們已經進入武陵山
脈的範圍。這個山脈的主要部分坐落在湖南省西北部，西面是
重慶市和貴州省。山脈整體呈東北—西南走向，形成中國地勢
上第二階梯到第三階梯的過渡帶。隨著車子緩緩爬升，深入山
區，景致也徐徐改變。低矮的山丘漸漸長高，但外面仍舊披著
翠綠的衣裳。山與山之間也被農民充分利用，低處開闢成水

田，山腰緩坡處就做成了梯田。青山有時被削掉了一塊，形成直直的崖壁，面上沒有草木覆蓋，露出灰白的山體，可能是多年來由水流沖蝕所致，也可能是人為開發所造成的。

里耶位處武陵山山脈腹地，雖是溝通巴蜀與荊楚的重要通道，但其四周都是山區，更是楚秦幾百年間對抗競爭的據點。不僅是研究戰國秦漢史的同學，即使一般的歷史愛好者，來到這裡都不免心跳加快：這可是埋藏著濃厚歷史意義的「兵家必爭之地」！

我們穿過了幾條隧道、走過數條架於兩山之間的高架橋，甚至還繞進了重慶邊界內，終於在下午三點多到達里耶古城遺址。在漫長的車程後，老師們決定先「醫」好肚子再去參觀，於是我們就在遺址旁一間古色古香的餐館裡吃了一頓遲來的「午餐」。這次午餐的菜色都很辣，每道都有紅紅綠綠的辣椒，讓我切實感受到湘西火辣辣的氣息。

秦國虎狼之師

秦楚前線：里耶軍城

　　午餐之後，我們趕往里耶秦簡博物館參觀。在博物館旁的停車場下車後，一座白色的、宏大的建築物——里耶秦簡博物館躍入眼前，它是目前中國唯一的秦簡博物館，是里耶國家考古遺址公園最重要的組成部分。它的正門是一道高大的朱紅色仿古宅大門，門上掛有著名畫家黃永玉先生所題的「里耶秦簡博物館」牌匾。這個漂亮而又巨大的博物館藏有約 3 萬 6 千枚秦代簡牘，還有青銅器、陶器等珍貴文物。

　　走進燈光昏暗的展廳，一座由博物館設計復原的城門彷彿帶我們一步一步走入那古老的遷陵。城門後是根據各種建築遺跡所復原的模型，在大螢幕上用小短片的形式反映當時遷陵縣的街景，可見這所博物館在設計時花了不少心思和資源。近幾年中國在積極推動文化建設，公營、私營博物館如雨後春筍般發展，花的錢也不少，但用心程度不一，能達到世界水平的博物館有多少更是不得而知。里耶秦簡博物館給了我們一個很好的第一印象！

　　我不是研究秦簡的專家，所以參觀的過程主要是一次學習和娛樂的過程。在我這個外行看來，里耶秦簡博物館的陳列展示十分有趣，也有意營造一個說故事的情境，讓人穿越到兩千年前的遷陵，感受當年這座邊城的滄海桑田。在參觀的過程中，我發現一個十分有趣的展櫃，裡面陳列了兩枚木牘，上面

有一些字跡和一些符號，有「｜」，有「〇」，當時官員吃了一餐飯，就會以「〇」表示，如果沒吃，就用「｜」表示。哈哈，原來二千多年前秦人的官吏吃飯也要打卡。而旁邊的展櫃，則展示著他們的工作壓力——「官吏政績考」。我曾經在香港工作過，也曾經被員工考核弄得焦頭爛額，在看到這幾支簡時，心中浮起一陣莫名的親切感。我久久地佇立於此，向這些底層的官吏表達發自內心的敬意。

隨著參觀接近尾聲，梓浩在出口處留下了他的「墨寶」，詩螢也在塗鴉本上表示到此一遊。我們在合照留念後便到里耶古城遺址參觀。在遺址中，最著名的就是所謂的「中華第一井」，即里耶古城一號井。里耶古城共出土了 3 萬 7 千多枚簡牘，其中有 3 萬 6 千多枚是出自一號井，它是過去中國考古數十年間發現的秦簡總數的 10 倍之多，不愧為「中華第一井」！

在太陽的光影陪伴下，我們一行人慢慢遠離那名聞於世的「中華第一井」，準備從西門走出這扼住大秦帝國咽喉的交通戰略要地。這裡所出土的一切，特別是秦簡，是後人瞭解中國史上第一個大一統帝國的寶藏。簡牘雖為竹木附之以碳墨，但對我們而言，它們的價值遠比金銀鑲以玉石的珠寶更高。而現在，我們又要從一個寶地離開、往下一個寶地

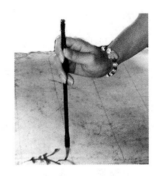

在博物館留下墨寶

前進，儘管身體感覺比考察的第一天疲累，但心中卻比第一天豐盛；知識與友情原來也是兩帖舒解疲勞的良藥。

中華第一井

8月10日　天晴 ☀

山麓祭壇之謎

（摘自柏熹同學日記）

敞亮臺階上的高廟遺址

舊石器晚期生活方式的天堂

　　從吉首出發，我們越來越靠近山麓區域。山丘雖然不高，但眼前已經沒有寬闊平原和大片水稻田的風景。車子從低岸駛到高岸，過了沅江，同學們不斷地拍照，希望能用照片記錄自己的感覺，但因為車子開得很快，拍出來的效果總是不太好。

　　經過四小時的車程，大巴士在鱗次櫛比的群山間駛到山丘懷抱的小盆地，最後在一片農田旁停下來，我們終於可以下車舒展舒展了。從山下遠看這一盆地，感覺它很小，但是一到之後才發現並不小。我們往田地的方向遠眺，所見景象與前幾天在澧陽平原時大不一樣，但如果不看遠處，感覺上有相似之處：水網同樣發達，水田、魚塘、河溪等，多見於山陵之間的低地，遺址下方就有河在兩面繞過。

廣闊無際的沅江風景

遠遠山陵逐級而下到水邊

　　鈺珊特別驚訝，她一直以為高廟祭壇遺址是在山區，看到寬闊多水的低地，頭腦就轉不過來了，她只在書上看而沒實際到地方考察，往往對實際情況一無所知！鈺珊不斷地跟靜云老師討論，而我們在旁邊走邊聽。靜云老師首先解釋兩個重點：空間感有不同的主觀性，以及「生態交界區域」的意思。

❖　　　❖　　　❖

靜云老師　人總是以自己的生活經驗為比例尺。比如說，我們小時候在小園子裡邊玩，在感覺中，這小園子是大世界，玩不完；但是長大後才知道它很小。

立新老師　我家鄉離這不算遠，小時候真的以為地寬山高，去上小學的路感覺遠得很；幾十年後回老家，重走小時上學的路，感到很奇怪：怎麼這麼近！路還是原來的路，只是我的腿

變長了，空間感也變寬了。

靜云老師 立新老師是感覺很熟悉，但是對高廟遺址的這一環境，我們都像小孩子一樣，自己的經驗還不足以掌握它。類似第一次走的路，會覺得路途很長。但如果同樣的路走一百遍，熟悉後就覺得這段路其實並不長。我們看這一肥沃的低地，從山上流下來的活水滋養著它，而山上的水所帶來的腐爛葉草等有機物都堆積在這塊土地中，讓土壤變肥沃。但是往四周看看，其實山還是距離我們非常近。如果僅僅依靠耕作這塊地，能養活多少人口？能發展出多大的社會？

柏熹同學 但是人不只是吃米飯，而且就算根本不吃米飯，也可以生活。這地方看起來確實不錯，古代水裡應該有很多魚，低地周圍的田地也挺好，同時這裡附近的山林也是狩獵的天堂。

靜云老師 柏熹應該不知道自己已說到重點。這地方因為有不同的環境區，所以生態環境豐富。這種生態環境交接區恰好被舊石器晚期的人們選擇為活動區。

柏熹同學 但是高廟文化是新石器中期啊！

靜云老師 是的，但並不等於高廟的先民採用的是新石器時代中期最新的生活策略。那時候在洞庭湖平原已經有相當穩定的農耕定居生活，但與此同時，丘陵地帶繼續存在以舊石器晚期生活方式為策略的族群。

滿水低地

生態多樣的生活區

　　我聽到老師把高廟文化與舊石器時代文化做比較，感覺很奇怪！我似乎無法接受，製造那麼精彩的白陶禮器的文化，怎麼能與舊石器時代相比。不過還是先看看現場再說。從停車的地方到高廟遺址有一段路要走，一邊挨著一個小山坡，另一邊則是低矮的田地。慶幸今天的天氣出奇地好，雲量不多，能見度極高。這裡明顯有好多小山丘，或連續分佈，或單獨立於河田之間，而高廟遺址正是背靠這樣一個小山丘，坐落於一個寬

闊的臺地上，雖然看似立於河水之旁，但其另一面卻是連片的
現代梯田。我們直接從山邊的公路出發，離開大路後，拐進田
間小徑直奔遺址所在的臺地，行走的感覺跟在平原相似。

遺址所在臺地雖然不高，但是土壤與周邊低地不同，立新
老師解釋，湖南很多丘陵地區的土地都是一塊一塊的，土質不
同，但往往是低處有一點肥沃的土地，而附近略高處則是一片
沙地，所以田塊很零碎，很難見到在大片田塊中種植同一種農

▲遠眺高廟祭壇遺址

◀上到高廟的台地

作物的景觀。走在田間的小路上，我們在一塊地看到農民種南瓜，還有水果樹。爬上小山坡的路不寬，只夠一人通過，老師們都走在前面，沒法進行講解。而小山丘本來就不高，很快就轉換成較為平坦的小路。過了不久，老師們在一塊

高廟南瓜

長了一行行小樹苗的田裡停了下來，同學們亦跟著在田裡展開隊形，在老師們面前擺出了一個扇形的陣勢。

懷化市博物館的田館長曾參與過當年高廟遺址的發掘，所以他對高廟遺址的情況十分瞭解，簡單地向我們介紹高廟遺址現場的概況：「現在，我們踩著的地方就是高廟遺址的核心區域了。大家看高廟遺址的整體情況，東邊遠處那一道高聳的山脈就是雪峰山脈，而我們所在的這一片是沅江的一個寬谷，高廟遺址恰恰就是在沅江邊上的二級臺地上。」

館長請我們再向前走到遺址的中心，也就是遺址的祭祀區。因為高廟遺址應該是附近獵民的一處祭祀聚集地，所以祭祀是這個遺址最為重要的功能。祭祀坑位於我們所在的二級臺地中最高的位置，海拔高 160 公尺，也恰好是遺址中部的中心點。

我問館長，怎麼能確認這是附近山地獵民的祭祀地呢？

他解釋：「第一，當時發掘的地面上，隨地都是石器。一

般來說，獵民使用石器的數量多於平地農耕的農民。第二，他們鑑定了出土的動物骨骼，發現有龜、鱉等各種魚類水生動物遺骸，還有陸生動物骨骼，如豬、牛、羊、鹿、麂、熊、象、獾、猴、犀牛、老虎和獏等，種類達數十種。所以，可以推斷來此地作祭祀的是獵民。」

我們一路考察已經學會採集標本，在路邊發現了打製石器，另外發現在地面上到處可見很多螺螄殼。田館長解釋：「高廟遺址是個典型的貝丘遺址，所以，地層中螺螄殼很多。」一旁的小夥伴們開始悄悄地討論。

螺螄是高廟人的零食？

❖　　　❖　　　❖

麗霞同學　梓浩，你看你撿到的這些螺螄殼。它們這麼小，肯定要吃很多才頂用的啊。

梓浩同學　那個螺螄殼也不一定是用來吃的，這裡離當時的河岸比較近，所以螺螄可能都聚集過來了，人們就堆在一起了而已。

柏熹同學　高廟遺址本來就是一個典型的貝丘遺址，而且十分接近水邊，無論是人為還是自然所力，貝類的大量堆積是很合理的。

詩螢同學　說不定他們在祭祀時，等待儀式的過程

高廟遺址發掘區

上：高廟遺址採集石器和螺
殼；下：高廟遺址地面上的
螺殼層

很冗長，需要吃點小零食解悶。跟我們現在嗑瓜子是一樣的。
長年累月，嗑著嗑著就把地上嗑得滿是螺螄殼。

靜云老師　我可能比較同意梓浩的看法，高廟人是不是吃螺
螄，還需要進一步考慮，像這樣的地理環境會造成自然的堆積，
有可能是春季漲水，把螺螄殼帶到臺地上，如此年復一年地在
土中一直堆積，所以要多研究附近的地層，才能充分瞭解高廟
遺址的地層沉積規律。同學們可能沒有留意，最近幾年（包括
今年；編按：2014 年）湖南是乾熱，現在已經是八月，暑旱
苦熱較嚴重，但是還有些從山上下來的水流沒有乾涸。高廟祭

壇遺址就在臺地上，自然會堆積一些水流帶來的小東西。當然，也有可能是高廟人開祭祀會時「嗑瓜子」，我們需要考慮不同的可能性。

明立同學　哈哈，除了「嗑瓜子」外，從田老師剛才說的動物骨骼中可以看出，高廟獵民祭祀時的飲食很豐富，不乏蛋白質哦！

詩螢同學　如果這裡是祭祀的地方，那麼這些肉食都是用來拜神的吧？

柏熹同學　像現在很多地方的習俗，雖然犧牲祭品是用來給神靈的，但很多時候在儀式過後，「神」吃完了，祭品還是給參加祭祀的人分享掉。這麼好的肉不能浪費啊！

靜云老師　應該修正一下：在祭祀活動中，人們吃就是代表神吃，通過食物將神與人連接起來。這是在信仰中，人類看事情的一般模式。

暑旱不竭的小瀑布

明立同學　這樣做太好了！自己吃飽，神也飽了！高廟下層出土的動物遺骸在種類上特別豐富，相信都是他們自己捉到的？所以日常生活中他們的飲食應該也不錯吧？

靜云老師　這地區生態環境很棒！不過需要捉到才能吃得到，哈哈！

明立同學　但高廟遺址是祭壇，他們的聚落在哪？

靜云老師　狩獵的人群常常流動，不需要安排長期聚落。他們的遷移，包括季節性遷移，往往是根據動物的移動或者食物資源的變化而進行的遷移。高廟這個地方應該是他們在固定時間從各地過來聚集祭祀的地方。

白陶上的風景近在眼前！

鈺珊同學　老師，我非常吃驚！原來以為高廟是在山上，沒想到這地方是非常寬闊的河旁階地。

靜云老師　哦，同學們看看高廟文化的白陶紋飾，與周圍環境比較一下。

鈺珊同學　跟眼前的景色很像啊！

柏熹同學　高廟真的好有趣！白陶上的就是這種寬闊的山水景觀。

靜云老師　我覺得松溪口遺址出土白陶盤的紋飾特別好玩：構圖分三層，上層可見有一行山嶺，下層似乎為抽象化的澤地草之類的花紋，中層就像這種

千家坪遺址白陶山
水圖

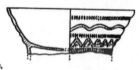

松溪口遺址白陶山
水圖

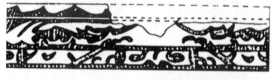

松溪口遺址白陶公
野豬互鬥圖

高廟遺址白陶獠牙
圖

臺地的地面，在地面上有兩個野獸互相爭鬥。整個空間與我們
現在所看到的一致：下面為多水低地，上面為山，而我們正站
在中間的臺地上。

鈺珊同學　很美！在這裡看它，才真實地感覺到它的美感。

詩螢同學　這是什麼猛獸？

梓浩同學　大象。哈哈。有長長的象牙！

靜云老師　梓浩是注意到形狀的重點，但這卻不是大象。還
有哪一種動物有長長的獠牙？

柏熹同學　記得早幾天，我們在湖南省所和銅官窯基地，看

到了不少從山地遺址出土的陶器。其中在省所，高廟遺址出土的器物就有好幾個櫃子，最引人注目的就是器物身上豐富的紋飾。這些陶器有白的、紅的、灰的，一個個無言佇立於玻璃櫃裡。它們身上很多都有著密密麻麻的、戳印篦點紋組成的圖案，有不同形態的鳥紋、獠牙獸面紋等。其中，獠牙獸面紋是大家最常關注到的，也是學者們常見的研究對象。靜云老師認為高廟文化這個獸面應該是野豬。我記得我仔細看過獸面的構圖，那上下交錯的尖銳獠牙為野豬牙，牙間的圓孔代表野豬鼻子，確實應該是野豬。

靜云老師 柏熹所說的，是在高廟文化遺址常見的抽象獠牙圖。但是松溪口的造型相當寫實地描繪野豬，只是過度強調互相爭鬥的獠牙。野豬生活在濕地之處，在立冬到大寒間的交尾期，野豬猛烈爭鬥是普遍現象，這期間也是進行狩獵的主要季節。大家看（見左頁第 3 張圖），這就是公野豬交尾期互相爭鬥的情景。這一件器物特別幫我們瞭解抽象獠牙圖的意思。

詩螢同學 我小時候沒有在鄉下住過，更別說遊獵的生活經驗。我只能在老師定義的基礎上進一步思考。為何在諸多獸類中獨獨選擇野豬呢？

靜云老師 因為野豬是相當兇猛強悍的野獸，並且時常會侵擾人類的居住地，所以不論是漁獵還是農業聚落皆受其害。

詩螢同學 像我一樣生活在現代都市中的人，可能很難對野豬產生兇猛的印象，但我曾聽過住在鄉村的學姐說過，野豬很

強悍。她的鄰居是獵人，當獵人帶著獵犬去獵野豬時，獵犬總會有些損傷甚至死亡，現代如此，在古代，野豬更是難以應付。對兇悍獸類的崇拜，在古代是常見的事情，因此古代許多狩獵文化，常以野豬牙做為英雄的象徵或裝飾品就不足為怪了，那些文化通常還崇拜野豬，或許高廟文化也是如此。

靜云老師　狩獵文化中，野豬是普遍的被崇拜對象，也是最有價值的狩獵對象。高廟的造型強調野豬獠牙，這涉及到兩點：第一是野豬獠牙屬戰利品（家豬的犬齒很小，無凸出的長獠牙）；第二是象徵男性力量（母豬的獠牙很短）。這其實在狩獵文化中是很普遍的觀念。

　　豬肉十分美味，所以成為狩獵的重要戰利品；公野豬屬於危險動物，它善於戰鬥，不怕對手，在古今各地的狩獵社會中，野豬常被視為勇敢無畏的榜樣，獠牙是它精良的武器，因此在很多狩獵與戰爭文化中作為禮器，有些軍事貴族用作為族徽。高廟文化主要生活方式是狩獵，所以很自然有崇拜野豬的活動和造型。

田館長　就在這一祭壇上發現一個祭祀坑，裡面有人骨和野豬頭骨。高廟人崇拜野豬的推論應該沒問題。

詩螢同學　但為什麼以後很少有野豬造型？

靜云老師　這又是另外一個問題。在野豬被馴化後，野豬的影響愈來愈小。不過有些獠牙圖案並沒有因此而消失，他只是獲得新義，舊瓶裝了新酒。但現在我們不談了吧，要不然會談

得太遠。我在《天神與天地之道》裡有討論這個問題。如果有時間，晚上吃完飯再討論。

　　看到高廟遺址先民具體的生活狀態後，激起了我們對高廟白陶的想像，即使站在酷熱的田間，師生們仍然汗流浹背地互相討論著。想起這些白陶雖然默然的安坐櫃內，但那厚重冰冷的玻璃困不住滿載故事與秘密的紋樣，像幾經滄桑的中年人，雖不說話卻讓人倍感深刻。這豐富的形象就是來自這一帶起起伏伏的山丘谷地，山中的族群常以狩獵、採集為生，穿梭於山間，每天都接觸到豐富多樣的動植物與環境，而且狩獵和採集也是人類最古老的生活方式之一，它們必定比農耕古老，有著深不可測的文化積累。可能就是這樣的環境與積累，才造就了像高廟這一類精彩多姿的陶器文化。

懷化博物館的神秘面具

　　上午看過高廟遺址以後，我們準備出發去懷化市。因為時間比較充足，下午還可以去參觀懷化市博物館。大巴士在公路上跑著，我們的肚子則在叫著，幸好沒多久車子就停在公路出口不遠處的一家飯店門前，讓我們祭祭五臟廟。這次考察一路以來，除了早餐外，午餐和晚餐都是老師們和當地單位安排

的，不知是不是老師們怕我們吃不飽，每一餐都安排得很豐富，吃的雖不是什麼名貴食物，卻都是地方菜和當地人引以自豪的特色菜。通過食物的分享，現代人和古代人都一樣，展示著他們的熱情與好客，加上一點小酒，飯桌就變成了人與人之間交流的好地方。古今中外，一張桌子，無論是圓、是方、是高、是矮，只要擺上幾碟小菜，斟滿酒杯，很快就會發酵成熱情與歡快，在這一點上，我們好像找到了一點人類的通則？

午餐過後，我們來到了懷化市博物館。靜云老師看到懷化市博物館的門設計為高廟文化獠牙圖就害怕了。她說，這種獠牙口被古人視為到死後世界的通道，所以要跨進這門太可怕了！同學們努力說服老師一起「升天」。

進懷化市博物館的門……是升天或走進世外桃源？

懷化市博物館的常設展覽叫「五溪往事」，因為辰水、舞水、沅水、巫水和渠水，自西而下匯流進沅水，向北進洞庭而直入長江，所以懷化又被稱作是「五溪之地」。以懷化本地歷史為中心，展示了高廟文化，以及秦漢、唐宋、明清的歷史。

第一個展廳裡陳設的是與高廟文化相關的文物。我一邊靜靜地參觀著，一邊機械地用照相機記錄下每一件器物。走進主展廳，一朱紅色的神鳥立於廳的中央，展開了翅膀，被熊熊烈火所包圍。講解員說，這一個主題是因為高廟遺址出土的陶器上有一隻展翅高飛的神鳥，所以「五溪往事」的第一篇章就以「鳳凰家園」為題。展廳裡也展出了很多高廟遺址的出土物，有石器、陶器、骨器、動物骨頭等。

廳內有一張高廟文化傳播各地的地圖，通過對比時間後，設計者認為高廟比周圍所有的文化都要早得多，不僅影響到了長江中下游的河姆渡、良渚以及石家河等文化，甚至對黃河中下游的仰韶以及大汶口、龍山等文化都產生了非常重要的影響。博物館的解釋有一定的道理，同時也建立起屬於懷化人的文化符號和認同。靜云老師說，雖然有些地方聽來可能有點牽強，但最起碼高廟人的獠牙圖影響既廣又長久，這一點是沒有錯的。長江流域的石家河、盤龍城、吳城玉器都有獠牙面像，這些神面獠牙的源頭應該就在於此。當然，這些後來的神面獠牙，已經與野豬形象脫離關係。不僅如此，我們在常德博物館看到的西漢滑石面像也有獠牙。而黃河流域的西周墓也曾多次

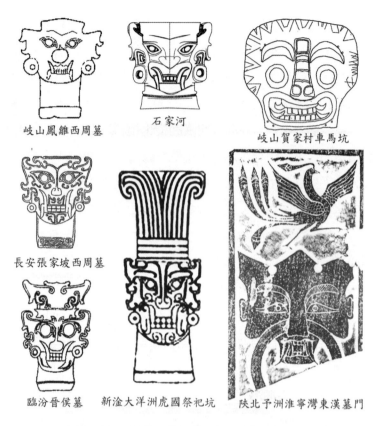

從石家河到東漢、從江南到陝北：獠牙面像圖

出現獠牙圖，漢代墓門鋪首的造型也經常為帶獠牙的面像。

我們開始討論為什麼獠牙圖的影響那麼廣？而且從那麼遙遠的山區擴展開來？還沒談出結果，就聽見鈺珊學妹突然興奮地叫了起來，把大家吸引過去。她所看的展櫃內，展出了高廟文化鳳鳥紋與河姆渡文化鳥紋，二者對比之下，結構竟如此相

似。所以，鈺珊認為高廟文化的鳥紋也許和長江下游河姆渡文化有關，她和我討論了這個問題，但因為我對高廟文化與河姆渡文化沒有很深的瞭解，所以只敢說也許有這個可能，畢竟由於有長江這個通道的關係，長江中游和下游之間的來往自古以來就相當頻繁，但是否真的有影響？影響到什麼程度？是由哪個地方率先開始產生影響？這些都是需要深入研究的問題，於是，我們詢問一旁的立新老師。

立新老師說這問題五分鐘說不完，而博物館開放時間有限，所以還是晚飯後再來討論這些問題，也順便可以向田館長請教。嗯，我們先看展覽吧。從上午開始累積了不少的問題，大家又是很積極，晚上應該會討論得很熱烈，恐怕會捨不得睡覺呢！

我們一邊參觀，一邊驚訝於山區中的懷化竟然也有豐富且有趣的文物故事。而且，與之前平原地區的文化不同，懷化有十分明顯的地區特色。走著走著，我們來到了一面牆前，牆上是一幅很有意思的

高廟遺址出土白陶上的雙鳥紋

河姆渡遺址出土骨器上的雙鳥紋

文物比較圖，把高廟文化的獸面、漢代的滑石獸面，以及後來民俗儺舞的面具圖像集合在一起，並指出這些相似的圖像表達方式展示了懷化一種自高廟文化、經歷漢代，一直到近現代民俗祭禮中一脈相承的傳統。這與靜云老師剛才說的意思一致，說明懷化博物館與田館長的看法和靜云老師相同！立新老師表

懷化博物館：從新石器到現代民俗獠牙造型的承襲

達得更明確，他認為這些獠牙的形象承襲自舊石器時代的狩獵文化，遍及整個南嶺區域，並且延續到商周時期，至戰國仍然在少數地方存在。此時，我愈來愈肯定：晚上的討論肯定很激烈，不會有睡覺的時間和機會了。

梓浩看到了湘西民俗中的儺戲面具，有點興奮，在旁邊往後跳了一步，以手掩面，很有架勢的擺手踏腳，口中念了幾次：「儺、儺……！」我無法理解梓浩突然進入的興奮狀態，他停了下來解釋道：「儺舞，又叫大儺、鬼戲。是一種驅鬼祈福的儀式舞蹈，剛才這掩面的手就代表面具，通常演出的人都會戴著代表鬼神的面具來跳的。」

最後，帶我們參觀的講解員以一首屈原的詩句來結束這次參觀：「路漫漫其修遠兮，吾將上下而求索。」作為新生一代的研究者聽了這一詩句，頓覺感慨萬分。

在博物館演儺戲

晚餐後的思辯時光

　　晚餐後，我們在餐廳內的角落圍起來討論今天的所見所聞。田館長和趙老師陪同我們一起討論。因為田館長親自參加過發掘，所以告訴我們很多書中讀不到的信息。鈺珊學妹對高廟文化特別熱情，正考慮以此為題作碩士論文，所以眼神發光，問的問題最多。

田館長分享發掘高廟遺址的經驗，同學仔細聽講做記錄。

高廟人怎麼生活？

❖　　　❖　　　❖

立新老師　這次在高廟的認識與我以前想像的有很大不同，我原來讀考古報告時，以為高廟遺址位於山地狹谷。但是今天一看，發現這裡是在一個大型寬谷的二級臺地平臺上面，這對於我之後對這批資料做解釋會有不同的認識。

柏熹同學　老師的話還是很能說明實地考察的重要性！

（這時大家開始你一言我一語地討論起來。）

鈺珊同學　今天到現場看了以後，老師說那片地區就在沅江邊上，很容易淹水。如果真是這樣子，那當時的人為什麼不選擇一個更高的地方設立祭祀中心？這是我的一個疑惑。另外，因為是貝丘遺址，地層應該不容易劃分吧？從地層中可以看到淹水的痕跡嗎？

田館長　地層中有泥沙層、文化層，而且還有一些間歇層，所以可以看出哪個階段漲水。你剛才提出的問題，為什麼會選擇這個地方？肯定跟當時的環境有關係，因為現在不是很清楚當時的環境，可能當時地勢就是比較高的。高廟遺址發現了兩個臺地，上面的臺地上有居住面、墓葬等遺跡，下面的臺地上就是垃圾堆，堆積了很多雜物。當然居址和墓葬是高廟上層文化的，相當於平原地區的大溪晚期屈家嶺時代，下層只發現有祭祀之所。

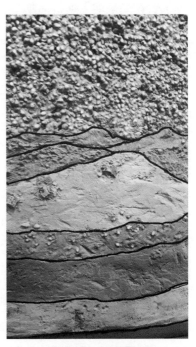

高廟遺址的地層情況

靜云老師 這地方淹水是季節性的。像我們看過的，現在還有的小瀑布，水多的時候，水從山上流下來，短期留在臺地上，然後再流洩到低地。

田館長 是，大概就是這樣，因為這是一個二級臺地，水先停一下，再流下去。

立新老師 我有一個設想，高廟遺址的高地是否是人為清理而成的？高地的雜物被清掃到低地區域，使得高地平臺成為人們的活動平臺。這是不是說明人們要一直保持那個地方的清潔，要在高臺地上進行活動？

田館長 可能是這個原因。當時發掘的時候，一揭開耕土層就是遺跡。

立新老師 高臺地上為什麼會有河湖相沉積？寬谷地帶的低平地有沒有堰塞湖？

田館長 沒有發現那麼寬的臺地。我們當時發掘的時候，也沒有考慮這個情況。

靜云老師 還有一個問題，高廟人怎麼住？住在哪裡？我的印象是高廟遺址的祭壇旁邊發現了居住建築，但是兩者並不是同一個時期，後者要晚一些，所以現在無法確定高廟人的居住位置。

田館長 關於房屋的建築遺跡是比較複雜的，有時候沒有發現是因為很難發現。高廟遺址的範圍並不是很大，說明當時的人們很可能並沒有居住在高廟遺址區，只有到祭祀的時候，

才會到那個地方去實施儀式。

靜云老師　我覺得田館長說到一個重點：「當時的人們很可能並沒有居住在高廟遺址區，只有到祭祀的時候，才會到那個地方去實施儀式。」千家坪遺址的情況應該也是這樣。那他們平時住在哪？為什麼有那麼大的祭壇，而附近沒有找到聚落？其實是因為他們還沒有離開遊獵的生活方式，並不安排固定村落。我們在地中海所看到的有壁畫的穴窟，並不是古人居住區，也是祭祀之所。他們採取遊獵的生活方式，但在固定時間，一大群人聚集在神聖穴窟進行祭祀。我覺得這很清楚地表明新石器時代技術與舊石器時代生活方式的結合。新石器時代早中期，自然還會有很多族群繼續過著舊石器遊獵時代的生活。

俊偉同學　我想問一下，高廟遺址是否一開始就是用於祭祀，或者還有其它用途？

田館長　因為要保存祭祀遺跡，所以祭祀面以下沒有繼續發掘，也因此不是很清楚是否有其他用途。這要從更早的遺跡來判斷。

俊偉同學　靜云老師剛才表達了一個觀點，高廟文化有可能繼承了舊石器時代的精神文化，然後又結合了低地農耕地區的製陶技術。如果真是如此，這地方在舊石器時代是不是也有人們在活動？

田館長　在這裡稍微好的臺地上，都有可能存在這種打製

石器，因為我們發掘的時候，確實發現了舊石器時代的工具，表面都有明顯的網紋紅土。

俊偉同學 我想請教一下館長，關於高廟遺址的石器情況、分佈比例等。

田館長 高廟遺址的石片很多，據統計，打製石器很多，但是打製成形的石斧以及磨製的石器卻很少。高廟遺址下層的器物比較精美，紋飾也很精緻；而上層的器物相對要粗糙一些，而且其石器製作依然以打製為主。高廟遺址地層的上、下層之間是連續的，並沒有間斷。但是從兩個文化層的面貌來看，完全不像是同一人群在這一地區進行連續性生產和生活造成的，因為兩者之間的差別太大了。此外，若從年代上來講，也不是一個連續的文化現象。

柏熹同學 我也覺得下、上層傳承的東西很少，一看就不像是有傳承關係的連續的文化。

鈺珊同學 我覺得高廟下層文化太有意思了！我在想，舊石器時代的精神文化是否有可能也傳承至新石器時代？我特別想瞭解古人的信仰，舊石器時代的人應該也有自己的信仰。但是中國舊石器時代的遺跡很普通，就是一套石器和獸骨，怎麼根據這些簡單的素材來思考舊石器時代的精神世界呢？

精神文化
深刻的舊
石器時代

靜云老師 雖然中國沒有發現舊石器時代的骨刻、

石刻和穴窟壁畫等代表精神文化的遺跡、遺物，但是從世界上其它地區的發現，可知舊石器時代人類的精神文化，同樣是很豐富的，五嶺山脈地帶應該也不例外。像地中海那樣能留下舊石器時代的文物實在很難得，讓我們看到狩獵文化有多少複雜的儀式和相關信仰。從高廟這類文化來評估，這是精神文化很古老的表現，並不是突然湧現的，它的根源應該是立足於舊石器晚期上層的文化記憶上。

我們有一個習慣性地偏見，即認為農耕文化先進、狩獵文化落後。其實，這需要看是在什麼時代。新石器時代剛開始

獵民儀式：舊石器時代三兄弟洞窟（Grotte des Trois-Frères）壁畫

時，新出現零星的農耕文化還年輕得很，在精神方面並沒有累積知識經驗，而傳承自舊石器時代的狩獵文化已很古老，累積了深入的知識和精神文化。所以，當時保留舊石器時代生活方式的山林獵民，雖然在技術方面沒有突破，但在精神方面絕對超越尚屬年輕的農民。

漁獵族群不去主動掌握、改善自己的生活空間，只會順其自然地獵取食物；但與此同時，憑藉著古老而少變的生活經驗，其精神文化裡蘊含著古老的傳統，因此他們信仰觀念中的神靈形象頗為豐富。在新石器時代早期，甚至到了中期，平地農耕文化相對於山區遊獵文化而言仍是十分「年輕」，沒有累積那麼多經驗和傳統，尚未形成完整的、系統化的觀念和形象。甚至在當時的獵民眼中，農民是沒有文化知識的人群，就像老人對青年人的看法一樣。

湖南地區在舊石器與新石器之交的氣候變遷中，特別是新石器時代開始前千年冷化時段，一度導致剛處於萌芽狀態的定居生活衰落、稻作中斷、文化衰亡。後來定居稻作文化在新石器時代初期又重新啟動。但是這種冷化，對遊獵族群生活的影響較小。因此，舊石器時代的文化是有可能傳承下去的。高廟、千家坪所發現的祭壇應該就是承襲舊石器時代獵民的經驗和精神，這也就能解釋為何高廟人的精神文化十分豐富。

雖然白陶技術由洞庭湖平原農民所創造，但是山地高廟文化的先民學會這項技術之後，他們的白陶刻紋比平地皂市下層

文化、湯家崗文化的刻紋更為豐富，從以上的邏輯出發思考，也就不奇怪了。現在還有些人生活在舊、新石器交界的文化裡，如非洲布須曼人（Bushman），他們的生活方式基本符合舊、新石器文化交界階段，但是因為周圍有現代社會，他們也用外來的衣服、鐵鍋等等，不過他們自己並不製造。

鈺珊同學　老師，你說布須曼人過著舊、新石器文化交界生活，而用外來的衣服、鐵鍋等等。你的意思是不是懷疑高廟人自己能製造白陶？

田館長　我認為應該是他們自己製造的。

靜云老師　當然，這些白陶應該是他們自己製造的，沒有別的文化會製造同樣的陶器給他們用，這與布須曼人當然不同，但製陶技術也沒有鑄造鐵鍋那麼難，所以高廟人不難從平地農民那裡學到製陶技術。

詩螢同學　高廟文化主要是活動在山區的狩獵民族，山區有可能缺乏製作白陶的陶土，它們怎麼會發展出如此重視白陶的文化？

立新老師　其實製作白陶的陶土白膏泥，在很多地方都有。

趙老師　白膏泥在澧陽平原還蠻多的。我當年在發掘城頭山護城河的時候，在第四紀網紋紅土同時形成的湖泊裡，發現湖底沉積全是這種白膏泥土，在離高廟遺址幾十公里的地方也發現過。湖南白膏泥不是大片存在，而是在不同地方一小片一小片地分佈著。但是，地層中所見的白膏泥土，跟白陶燒製所

用的陶土是否為同一種陶土，還需要進行科學的測試。還有，白陶雖然很精美，但實際上它們在陶器中佔的比例並不高，高廟遺址的性質也很特殊，是一處祭祀遺址，所以出現的白陶相對多些，但它周圍的遺址就少見白陶了。同樣的紋飾，卻用灰陶或紅陶製造。

靜云老師　我再繼續回答鈺珊的問題。刻紋陶、戳印陶雖然是外觀很精緻優美的禮器，但器型單一，刻紋、戳印技術通過大量簡單細密的重複刻劃便可達到裝飾效果，就像沒有發明陶器之前的木刻、骨刻一樣，但在陶胎上刻紋或印紋比木刻和骨刻要更容易一些。刻紋並不需要配合陶質材料本身的特性，也不需要發展新的製陶技術來掌握新的可能性：如創造新的形狀、新的功能，配合新的需求調整尺寸、製陶溫度，以及加強其堅固性等等。而這些方面恰是農耕文化所追求掌握的，所以在湯家崗文化之後，大溪文化基本上不再採用刻紋白陶，而是進一步發展陶窯技術，燒製彩陶、紅衣陶、黑陶等，也創造出很多新器型，並發明陶輪。

　　簡單來說，白陶技術並不是高廟獵民發明，而是山地遊獵文化借鑒和模仿低地農耕文化的技術。但是，前者並非機械、被動地模仿，而是借用後者的新技術進行再創造，以符合自身精神和文化生活的需要，所以成為山區獵民信仰的載體。

立新老師　在高廟陶器紋飾裡，很多山、水、河流、動物等形象，製陶技術學自平原，但紋飾的主題是出自他們自己的。

田館長　我當時畫圖的時候就在想，那種篦點紋、鳥紋、戳印紋是怎麼做成的，而且它有很多變化和演變。還有一種像鱷魚皮那樣的紋飾。這些東西很多都對不上位，還需要進一步深入研究。

立新老師　這裡有出過鱷魚骨頭嗎？

趙老師　好像是有。

靜云老師　對鳥類、水生動物的重視就是所謂「亞舊石器時代」的特點，高廟人也有類似特色，獵獲大型動物依然是大事，但同時也在水裡、水邊找食物，包括動物和植物類。高廟人其實是新石器晚期的新一波「半出山」的族群。我們在課堂討論過，第一波獵人走出山，發生在舊石器晚期上層的暖化期，大概距今 14600 至 12600 年間。第二波是距今萬年左右略早，屬於新石器初期，以彭頭山為例，這是最明顯的從獵民轉身為農民的生活革命。第三波出山的背景，我們還沒有怎麼討論過，但大概在距今 8000 至 7400 年間的新石器中期發生。這是很有意思的時代，河南賈湖、東北興隆窪都在這時候興盛起來。湖南有一個遺址也同屬於這個時代的故事，就是石門皂市下層遺址。我們此次田野的時間實在不夠，沒有安排去考察，所以也沒辦法專門來討論這個問題。我們沒有討論的問題還有好多啊！

將來再繼續學習。

高廟下層的年代經過碳酸鈣校正，大概從距今 6800 年左右開始，這時正處於新石器時代晚期大暖化週期的開始階段。這時候在北方地區渭河流域有半坡人「半出山」，而南方有高廟人。但也有很大的差異，高廟畢竟是在華南，既使沒有村落也不影響過冬，資源比北方豐富，也沒有生產，所以高廟人只是「半出山」。他們關注水裡的資源，並不依靠陸地的糧食。而渭河流域半坡人已經安排村落為過冬和生育孩子，在他們的食譜中魚和糧食的比重較大，但卻同時跟高廟人一樣有濃厚的獵民生活背景，夏季男人出去遊獵，也有崇拜野豬的習俗。當時其他地區也有獵民部分出山或半定居的例子。

立新老師說他看到高廟遺址的自然環境感到驚訝，我的第一個反應也是如此，本來就應該這樣！這就是山地獵民出山後，接受廣譜食物的現象。但是為了瞭解高廟文化的獨特性，需要再與皂市遺址比較。皂市下層文化創造白陶技術、創造八方空間感和八角星紋，是洞庭湖平原的農耕文化。雖然它以最早發現的皂市遺址命名，但皂市遺址卻不是其中最具代表性的遺址：首先，它的位置不在平原，而在山間盆地裡，並且與其他同一文化的遺址相比，所發現的獸骨較多，說明狩獵成分比較高。這樣說，是不是意味著皂市與高廟類似？答案是否定的。我們仔細看看地圖就知道，因為高廟遺址所在的安江盆地太小，只是一個山間盆地，在地圖上根本看不到，尺寸都標不

出來；而皂市遺址所在盆地相對大一些，並往東連接到澧陽平原。所以皂市是農獵交錯區，高廟則是生態環境多樣的狩獵區，兩個社會的生計方式在某種程度上有其相似性。皂市人過去雖然有作獵民的背景，但是他們下山定居發展稻作，只是並沒有放棄狩獵；高廟人只是出來採集，在這裡發展農耕生活的空間其實根本不夠，但他們同時可能觀察農民的生活，或許掠奪，或許慢慢發展交易，他們並不改變自己遊獵族群的生活。

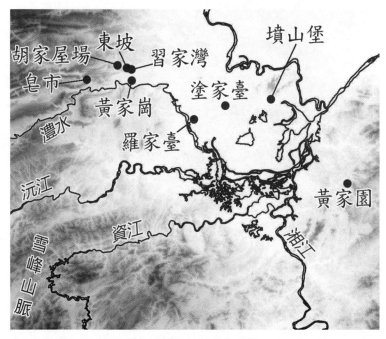

皂市下層文化遺址分佈圖

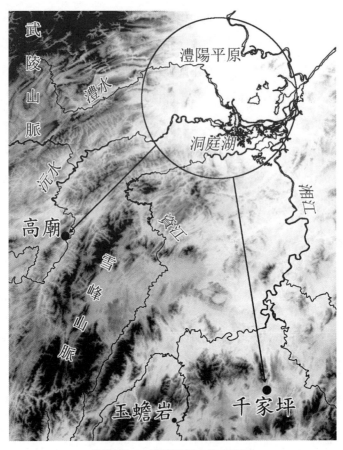

湯家崗——高廟時代文化分佈圖

梓浩同學 喔！我看千家坪的盆地較大啊！他們有沒有開始定居？

趙老師 資料還在尹老師那裡，不知道有沒有發現房屋。

靜云老師 是的，目前只能等待報告出來。不過我們可以作

另一個比較。今天參觀博物館時看到長江下游的河姆渡文化有同樣的鳥紋，河姆渡文化的年代與高廟接近。我們看河姆渡的空間：背後有丘陵作狩獵區，眼前為淡水與鹹水交錯區，是漁業的天堂；中間是可用作農耕的平原。在這個社會的生計也相當多樣而豐富。我非常佩服河姆渡人，他們並存狩獵、漁業、採集與農耕的多元生活方式，在兩千餘年成功地面對海潮的上漲；他們的建築發達，而且創造非常精彩的文化形象與信仰。

鈺珊同學　不是說高廟比河姆渡早？這種鳥紋到底從哪裡發明出來？

立新老師　這問題我們在課堂上已討論過。湘南地下水中多含碳酸鈣，碳標本埋藏在這樣的環境下，很容易受環境污染而使測試的數據偏老。如果將這一因素剔除，那麼，高廟下層的實際年代以距今 6800 年為上限，跟河姆渡大體相當略晚一些。河姆渡田螺山遺址可能早到距今 7200 年，河姆渡遺址的一期大概距今 7000 至 6500 年。

靜云老師　二者的年代接近，但河姆渡文化可能略早。重點是，河姆渡文化的雙頭鳥圖很系統，而高廟雙頭鳥圖的造型較自由多樣。河姆渡文化的信仰是我在臺灣中正大學上「中國上古史」的課堂上經常討論的。

詩螢同學　老師，你什麼時候把文章寫出來，已經十幾年口傳！

（靜云老師無言，只是做從額頭上擦汗的動作）

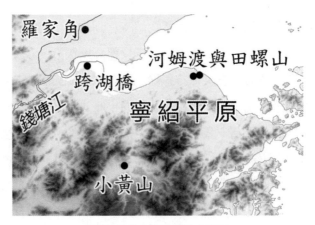

寧紹平原新石器中期主要遺址

鈺珊同學 但是寧波河姆渡離懷化高廟好遠喔！

立新老師 嗯，還記得我們上課時，看過郭偉民老師的文章討論南嶺中心帶？東到浙江，南到廣東，這都是獵民遊動的彎彎曲曲的蛛網路線。

靜云老師 我經常舉這樣的例子：地中海有不少岩石上，經常有人留下的手印（應該是當時的某種儀式）。同學們還記得上課時我給大家看被淹沒的山洞穴窟，水下還可以看到舊石器時代人的手印？由於每個人的手紋獨特無二，可以作比較，有學者曾在相距幾百公里的岩石上發現同一個人的手印。我們可以想像，遊獵生活所涵蓋的空間有多大！中國南嶺以北長江以南的石灰岩山區，岩洞多，這是舊石器生活方式的天堂，雖然沒有留下那麼好的遺跡，

但可以判斷，這個地區的生活方式基本雷同。其實遊獵生活方式很難留下遺跡。

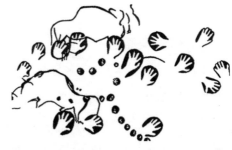

舊石器時代人的手印（Cueva de El Castilla 洞窟）

鈺珊同學 為什麼是這樣？

靜云老師 我覺得我們今天走了不少路，但我們走過的路，過兩天還會留下多少痕跡？遊獵生活的流動性極高，因此遊獵生活一般只會留下類似高廟這樣的大家定期（或不定期）集合祭祀的場所。

新石器時代山地遊獵生活的內容雖然不變，但其生活範圍和流動率依然較高。雖然已經不如舊石器時代那麼高，但獵人的山間透迤之途，依然可以成為交流、傳播的網絡。可以說，平地農耕文化多見內在的自我進化、發展和變動，而山地遊獵文化則多見外在空間的擴展和遊動。因此最早是洞庭平原的農民發明了印紋白陶，被山地獵民學會以後，在兩千餘年內傳播得很遠。同理，河姆渡雙頭鳥紋被遊獵族群吸收，通過南嶺中心帶廣泛傳播。其實雙鳥形象不僅河姆渡有，彭頭山文化也有，但造型不同，應該互不相干。只是這又產生一個問題：高廟鳥紋究竟來自哪裡？其實不排除這完全是他們自己創造的形象，這種相似是偶然的。這問題還需要進一步思考。

鈺珊同學 老師，不同生活模式的人會不會後來聚集到一起

生活，並一起祭祀？

靜云老師　祭祀是一種信仰體系，一般而言，不同生活模式的人群，其信仰體系是不一樣的，那麼他們的祭祀方式和祭祀對象也很可能是不一樣的。

立新老師　我想再回到我們剛到高廟遺址時討論過的「吃與不吃」的問題上。我們在高廟看到很多螺螄殼，它們只是用來吃的嗎？這個問題也很有意思。松溪口遺址簡報裡表達了螺螄殼有祭祀的作用。

田館長　松溪口遺址其實不是很大，它比高廟小多了。但它的螺螄殼堆積很厚，有大量的螺螄殼，還有大量動物骨骼等遺物。

靜云老師　松溪口遺址的簡報寫到：先民用螺螄殼鋪成一條老虎……

謹慎詮釋
考古遺跡

田館長 啊，你說的這問題……恐怕是牽強。螺螄殼堆積很亂，到處都有，我們都沒見過任何形狀。原因在於河南西水坡有發現用螺螄殼鋪的龍虎，所以考慮是不是在這也有類似的情況，我們大部分人認為沒有，沒見到，但有些人覺得可能有。

靜云老師 我認為西水坡蚌砌的龍虎不可靠！我有證據可以闡明它的出現不會早於春秋時期。

趙老師 我也聽說。很多人懷疑它，甚至說是出現於漢代。但新石器考古界基本上是抱持不支持的態度。

立新老師 我甚至聽到完全假造的說法。

靜云老師 說它假造應該有點過分，說它是漢代的遺跡，那是有可能的，但絕對不可能早於春秋。

立新老師 同學們要知道：只看報告往往不足，容易被誤導。一定要到地方（考古現場），看空間、實物（而不是只看照片）、與本土人說話。工作在土上的人是最清楚發掘情況的人。

靜云老師 我在想，我們為什麼那麼嚴肅地討論螺螄，吃不吃或祭祀？祭祀場所是人們聚會的地方，邊祭神，邊聚會，邊討論公共生活和事務。現在農村聚會，一邊談事，經常順便吃瓜子，或者想都不想就吃了，一切都是自然環境的原因而已。我想累

積螺螄的意思應該一樣，不是在所有的情況下都需要找特殊秘密，甚至不一定與人有關係，他們有沒有吃這些「瓜子」真難以認定，除非有機會分析這些人的骨頭，以瞭解他們的食物。

❖　　　❖　　　❖

這時房間的門被慢慢推開，服務生走進來說他們準備關門了，原來已經是晚上八點。大家聽罷只好一一闔上筆記本，收拾東西，向田館長道謝。離開時發現小店的客人都已走光，只剩下我們這班總是聊不停的人，真不好意思……

討論到打烊了

夜夢回到獵民生活……

一晚上的頭腦風暴後，配合白天滿滿的考察行程，我對高廟遺址有了比較系統的認識。回到酒店，疲憊的身軀不由自主地黏在床上就不能動了。這時，眼前卻出現了別樣的景象。那是在山間的一處盆地上，我與數十個皮膚黝黑、穿著打扮十分奇怪的人圍著篝火席地而坐。我身旁有一個與我年齡相仿的男

子，一邊大把大把地吸吮著螺螄，一邊和我說著自己獵殺野豬的英雄事蹟，其他人也在聊天，似乎正在等待著什麼。忽然，一個裝扮與眾不同的人登上了高地。高地上擺放著大量的白陶器物，器物上裝飾著鳥、野豬、山丘、水波等紋飾。只見他念念有詞地來回跳動，突然大喊一聲，全場肅穆。隨著他緩緩舉起一個刻有野豬獸面紋的白陶，口中又開始念起咒語，幾個年輕人從後面把一頭異常巨大的野豬抬到了高地上。這一舉一動的背後，似乎都包含著深邃的文化底蘊，是數千年以來傳承自舊石器時代的儀式。我終於反應過來，他們似乎在舉辦某種祭祀儀式，高地上的那位應該就是巫師。

我身旁的男子說，為了活捉這隻野豬王，他們出動了數個群體的獵人，還有十多名獵人同伴死傷。我驚訝於野豬可怕的力量，也驚訝於他們竟然願意為這場儀式如此犧牲。年輕男子倒是認為那是男子漢英雄的表現，眼神中自然地流露著驕傲。同時，似乎有點不滿意我這來自平地的農耕族群後裔，覺得我是個沒有文化，不懂規矩的小朋友。

高地上的巫師拿起一件尖銳的石器，刺穿了野豬王的喉嚨。伴隨著野豬王的每一聲怪叫，大量的鮮血從喉頭噴出。在數十聲怪叫後，野豬王的血流遍了高地。在紅色血泊的對比下，那些白陶顯得更加肅穆與神聖。巫師摘下野豬王碩大的獠牙，用雙手把獠牙舉起。在場的獵人們停下了所有動作，向獠牙投射出敬意與崇拜的目光。對他們而言，野豬應該既是狩獵

時的敵人，又是象徵勇猛的崇拜對象吧！眼前的這一刻彷彿凝成了一幅靜止的畫卷，將永遠地保存在我的記憶中。

咦，他們好像要烤野豬呢！我聽著野豬「吱吱」地在火上冒油，陣陣香氣撲面而來，心想這次爽了，太公分豬肉，見者有份！

「喂！你沒洗澡就睡著了，還流那麼多口水！」當我反應過來時，到嘴的野豬肉已經煙消雲散了，換成了梓浩那一臉的鄙視。我擦了擦嘴邊的口水，笑了笑，原來是黃粱一夢。雖然沒有吃到野豬肉，但這美夢讓大腦幫我梳理了今天學習的要點，重現高廟遺址祭祀的場景。嗯，果然應該多睡覺、多作夢，就憑我這豐富的想像力，超越蒲松齡指日可待！（漂亮的狐仙姐姐快來我夢中）

8月11日　天晴

九嶷之路與發掘現場

（摘自明立同學日記）

湖南考察之行臨近結束，雖有些疲憊，卻意猶未盡，恨不得把整個湖南的遺址再看一遍。今天的行程是從懷化到藍山，我翻開地圖，找到這兩個地方，不由倒吸了一口氣，吐了吐舌頭，太遠了！一路上，我一邊照著地圖上的路線和地形，一邊看車窗外飛逝而過的美景，心思全在永州上。因為單單看柳宗元的《永州八記》，便對這個地方嚮往不已了。

翻看地圖

瀟湘之源，蒼梧之野

永州自古雅稱瀟湘、蒼梧，群峰競秀，千姿百態，丘陵叢中石灰岩溶洞星羅棋佈，巧奪天工，更有舜文化、柳文化、理學文化、瑤族風情、江永女書、永州碑刻等古文化，正所謂「德聖孝祖在九疑，山水文章甲天下」。提及永州，就想到唐代柳宗元筆下的永州山水：柳子廟、愚溪、朝陽岩、《永州八記》遺址、萍島、黃溪等。如今的永州是「山水綠，楚天碧」，可在古代卻是極為偏僻的地方。當時永州是邊緣荒地，柳宗元被流放永州十年，儘管生活落寞、仕途頹廢，但是在文學、思想方面卻是柳宗元的輝煌十年。我喜歡他的文學，今天會經過他寫作的地方，感覺很親切。

大巴士上的別樣生活

不過，路上的風景再美也抵不過肚子餓啊！才上車沒多久，肚子就開始叫喚了，心裡直嘀咕：午餐不會在車上解決吧？我偷偷地摸了摸肚子，幸虧早餐多吃了點兒。不過，我又多慮了。中午途經永州，剛畢業到永州工作的黃寶利師姐為我們提供了美味的午餐，一掃我們這一路的風塵，讓我們又滿血復活了，特別感謝。我覺得各地都應該要有我們的師姐妹，這樣出門就會很快樂！

午餐後，老師們提議拍一張合照，我們這一路上都沒有正兒八經地拍張大合影呢！照片一出，發現每個人都黑了幾度，不過都神采飛揚的，倍兒有精神，想來是因為此行的精神生活太豐富。每個人看到美食和文物，都跟看到金子一樣，兩眼放光呢！在美麗的永州稍作休整，我們就繼續往目的地前進。大概是因為剛吃完飯，血液都去消化美食了，酒足飯飽後就容易犯睏。坐在車上，看著四周的詩螢、梓浩、柏熹都昏昏沉沉地睡著，連麗霞這樣對

學姐很得意，畢業後可以接待老師和學弟妹吃家鄉菜。

美景癡迷的人都睡了，我用意念努力控制自己的瞌睡蟲，嘴裡默念著不要睡不要睡不要睡，誰知道就跟數綿羊一樣，把自己念叨地睡著了，醒來又睡，睡了又醒，等神志清醒了，發現衣服上面濕濕的，嘴角上還殘留著口水，趁著沒人發現，趕緊擦掉，估計夢裡都想著文物和美食。望向窗外，哇，層巒起伏，群峰林立，不像原來那些一會兒是山，一會兒是平原的風光，這會兒全是高山，海拔多在一千公尺以上，連綿不斷，大朵大朵的雲彩就跟一團團棉花似的，飄在半山腰上，天空藍得不像樣兒，頗有神韻，估計這是到了傳說中的「九嶷山」了。我不安分的大腦又開始蹦出問題來：為什麼叫「九嶷山」？難道跟曹操「七十二疑塚」的故事一樣，有九座很相似的山嗎？

「九嶷繽兮並迎，靈之來兮如雲」。舜是湖南人？

九嶷山位於湘南地區的寧遠、江華、藍山三縣之間，為南嶺山脈萌渚嶺的北向延伸餘脈，縱橫數百里，風光秀美。說九嶷山頗有神韻，並不是裝神弄鬼，信手抄本典籍，就會發現我所言非虛。與湖湘頗有淵源的屈原在《九歌·湘夫人》中就說：「九嶷繽兮並迎，靈之來兮如雲」。屈原所講的靈就是舜帝的兩位夫人。太史公司馬遷在《史記·太史公自序》中也說：「南游江淮，上會稽，窺九嶷，浮於沅湘」。那麼九嶷山到底有什麼東西如此吸引人呢？《史記·五帝本紀》載帝舜

「踐帝位三十九年，南巡狩，崩於蒼梧之野，葬於江南九嶷，是為零陵」。《山海經》載：「蒼梧之野，舜與叔均之所葬也」。《水經注》云：「九嶷山，大舜窆其陽，商均葬其陰」。這些記載都在說一個事，就是舜葬於九嶷山。傳說中為什麼一直有這種認識？是不是因為堯舜典故就來自湖南，他們統治的農耕國家就在我們去過的城頭山城？或在其他雲夢澤國家的城？我覺得這樣想很有道理！

我們現代人對九嶷山好奇，古人也很好奇！在1973年發掘的長沙馬王堆漢墓中，出土的以九嶷山為中心的零陵地區軍方古地圖上，橫列九根柱狀符號，也印證了「九峰」之說的古老性。不過呢，事實並非如此。徐霞客經過實地考察，就發現九嶷山「峰岫不一，不止於九」。九嶷山北部是由厚度較大，質地較純的下石碳和中上泥盆統灰岩構成的古熱帶殘餘峰林、峰叢和孤峰，屬於群峰地貌景觀，所以出現諸峰林立的景象就不奇怪了！

這裡山峰海拔較高，連綿起伏，丘陵、山地並存，此般複雜的地理環境容易形成很多相對獨特的小群體。早就聽說在明代，九嶷山的深山裡居住著「山瑤」，他們「穴居野處」，與外隔絕。但大山並不能完全阻斷這裡的人們同山脈對面人們的交流，山脈中間的缺口成為重要的交流通道，聽說這裡還留存有「湘粵古鹽道」呢！

在石灰岩溶蝕盆地邊緣山地還分佈有成層的溶洞群，徐霞

客曾盛讚九嶷山水「恍惚夢中曾從島經行，非複人世所遭也」。溶洞群是很美很美，不過對我們考古斷代有點小影響，用碳十四測年的話，在這樣的環境下採取的碳十四標本，很容易受環境污染而使測試的數據偏古老。我正沉浸在自己的想像中，突然覺得肩膀被拍了一下，麗霞正睡眼惺忪地望著我說：「看什麼呢，這麼癡迷？」我花癡般地對她笑了笑：「看外面！」接下來，你懂的，又一個人恍惚入「夢」了！

大概下午四點半，我們終於來到了今天的目的地——湖南省永州市藍山縣塔峰鎮古城村。剛下車，映入眼簾的便是一個城牆門樓似的建築，自名「高樓廟」。門口貼著一副對聯「煙樹毓秀朝陽豔麗度大桀，舜水鐘靈黿魚翻騰接三星」，橫批是「威震華堂」。對聯裡「舜水」這兩個字尤為顯眼。將舜水寫入對聯，可見當地人對這條河流的自豪感，「舜」字表達了另一層歷史名人的含義，果然，我隨後聽到的便是當地人自豪地講述舜水的傳說。我們從中學所認為的「堯、舜、禹」都在「中原」地區，為什麼「舜」會到這麼偏遠的藍山來呢？這真是個有意思，值得思考的問題。剛剛還談到很多文獻都說「舜葬於九嶷山」。這到底是怎麼回事呢？

靜云老師在《夏商周：從神話到史實》書中也提出過疑問：何以舜在《楚辭》裡稱為湘君？如果認為舜是北方文化的聖王，居於渭水流域附近的舜恐怕難以被稱為湘君，他的兩位夫人也難以成為湘江之神。還有《漢書》也描述過漢武帝在元

封五年「望祀虞舜於九嶷」。我們把堯、舜、禹誤解為北方人是因「以殷周政權為代表的北方族群打敗了南方古老文明，因此，南方的神話便經過北方族群傳給後世」。

舜帝：山東沂南漢墓畫像石

經過這學期的課程和考察，我們對此已有另一種理解——舜本來應該是南方神話裡的人物，這段歷史與河南地區無關，是兩湖地區的文化記憶。因為殷周之後的文明中心絕大多數在北方，南方常被當成流放犯人的地方，所以我們就不自覺地以為殷周之前的文明中心也在北方，那舜自然就在北方了，可是這樣的邏輯有問題。殷周之前的文明中心在哪裡，如何解讀文獻中對於「舜」的記載？回學校後一定要認真拜讀一下靜云老師的著作，然後再好好想想。

連結歷史兩端的古城村

藍山縣塔峰鎮古城村被大片碧綠的稻田環繞著，不遠處是層巒起伏的九嶷山支脈，風光旖旎，美極了。漢代時，這個村子是南平城舊址，長沙馬王堆漢墓帛畫地圖上對這個城曾有標注。南平古城在漢高祖五年被設為縣治，是藍山縣最初縣治所

在地，一直延用到南宋年間。當地學者告訴我們，這個村落雖然不大，但是延續時間很長，可是由於村裡近幾年建了很多兩、三層高的樓房，對原有面貌破壞很大，所幸隱約還可感覺到昔日古城形狀較為規整。原本村子周圍有城牆和護城河，之前還可以看到一段西漢時期的城牆，但在我們本次造訪時，已經被建造的新房子破壞掉，完全看不到了，很多古人留下的遺跡和它上面所承載的文化，就這樣消失在人們對歷史的無知中，真讓人感到遺憾。

所幸處於現代樓房包圍中的古城村，還留有很多明清時期的木構架建築，凸字形的防火牆古樸淡雅，別有一番風韻。村子的小巷中，保留著青石砌成的地面，感覺十分古老，而且在

南平古城

石砌下有水，推測應該是排水系統，顯示這地方經常會淹水。這就是自然環境的兩面性：因為山間盆地流積水，所以能有稻作農耕生活；但另一方面就是因為水，村落被淹沒的風險很大。鈺珊學妹到處在找鴨子，大家笑著說這是為了在鴨子面前來否定填鴨式的教育，但她自己說這是因為她深受盤龍城鴨子偷玉器故事的影響。由於在這裡的房邊都有水，鴨子就挨著屋牆腳游水，不過這裡應該沒有古玉可以偷，所以學妹不必擔心。

走在村子裡，還是可以感受到濃厚的歷史氣息。其中有兩座祠堂，一個是雷氏宗祠，一個是楊氏宗祠，後者門外的牆上還有一塊光緒三十三年的碑刻，內容介紹著楊氏家族如何向國家上繳糧食。如果我們能找到地方誌和家譜這類文字資料，再結合當地學者的介紹，也許會對這裡的

▲明清古村落

◀在房子邊上的石砌下有排水系統

南平雷氏宗祠

歷史有更為清楚的瞭解，不過此行的重點並非明清史方面的考察，所以未能專門尋求家譜等資料來瞭解更多信息。

　　一端是漢代的南平古城，一端是留有明清建築的古村落，歷史的兩端就這樣在這個小村子裡相互連接。

偶遇考古發掘現場：五里坪墓地

　　今天的歷史考察就像用若干布片拼成的棉被。上午睡覺時想念舜帝，下午感受了南嶺地帶明清留下來的生活方式，傍晚又從時間的隧道回到漢代。

村子西面不遠處是分佈密集的墓葬群——五里坪墓地，相對於之前已被破壞無存的西漢城牆，這裡對我們來說可是個大驚喜。這一墓葬群發掘後的探坑還沒有回填，而且此行一直陪伴我們的趙亞鋒老師就是當時的考古發掘領隊，種種優勢營造的這種「現場感」真是可遇而不可求。據趙老師介紹，這裡有非常多的墓葬，已發掘遺址的對面也是墓葬群——據說每個小土包都是墓葬。墓群南側不足 1 公里處即為我們之前看到的古城村，也就是前面提及的「南平古城」舊址。當地學者認為，五里坪墓群是南平古城的墓葬區，是南平古城聚落的重要組成部分。由於墓坑還沒有回填，我們可以觀摩墓葬的形制。墓坑以東西向居多，但並沒有嚴格的規律性可言，也有很多其它朝向。墓坑深淺不一，有些墓坑裡還帶有腳坑。有的是土坑墓，有的是磚室墓。土坑墓的年代最早可至西漢早期，晚至魏晉時期，有

趙亞鋒老師介紹南平漢代磚墓

的還帶有墓道，有的底部槨板痕跡猶存，可辨認出左右邊廂結構。磚室墓大都是長方形單室，帶短甬道和長斜坡式墓道，時代集中在東漢，多數已經被盜。我們還發現有個磚室墓的墓磚上有陽刻的文字和紋飾，據趙老師說一種是年代，一種是吉祥語，還有車馬紋。（按：兩年後我們的學弟妹來到這裡，幫助趙亞鋒老師發掘這裡的漢魏墓群，在有些墓裡發現了銅鏡。）

在夕陽西下的美景中，遠處是層疊的山脈，一邊是名副其實的古城，一邊是綠茵覆蓋的古人的安息之地。藍天、白雲、晚霞、綠地和陷入沉思的考古學生，傍晚拍出來的照片總是別有一番味道。

在五里坪漢墓發掘，現場同學研究磚紋。

底層的願望與象牙塔裡的學術

　　吃過豐盛的晚餐，回到住處洗漱完畢，躺在床上胡思亂想。思維突然定格在那個再熟悉不過的場景，當地人迫切地向我們介紹本地久遠的歷史和深厚的文化，似乎我們回學校後，便能為該地做宣傳，便能為當地帶去好處似的。其實這裡真是個非常不錯的古村落，只不過偏遠了些，當地人不知道該怎樣保護自己的歷史文化資源，但還記得這個地方的歷史，還記得「舜水」，還記得「秦漢古道」，已經很不容易了。他們寄希望於我們這群有知識的人，但我們的知識不過是「象牙塔裡的學術」，在這裡，知識脫離了它應該服務的人們。

　　我一直希望自己能夠有開闊的視野和獨到的眼光，能夠站在更高的地方看到別人看不到的風景，所謂「會當凌絕頂，一覽眾山小」，但同時又希望自己能夠真正地體會風土人情，能夠將自己的視野放在堅實的基礎上，而不是空有滿腹無用的知識。如果有機會，一定要到最基層去生活一回，不是去遊山玩水的，不是去索取知識，而是用我們的知識來為基層的人們服務。有視野，有關懷，做個有血有肉的人，比做個乾巴巴的學者重要。這是徐堅老師和程美寶老師告訴我們的話。

田野考察的點滴趣事

　　來說點兒有趣的！我已多次聽說田野考察時要特別注意「狗」。身邊的同學在田野調查過程中同狗「鬥智鬥勇」的事例不勝枚舉。不過這次我們遇到一隻特別溫順的小傢伙，大家「不懷好意」地拍下一隻小狗走到我腳邊，主動親近我的畫面，太有愛了。想到這裡，我不禁笑出聲來。考察的過程總是充滿了對知識的渴望、探尋和思考，但同時也點綴著很多小樂趣，其實考察也是一種別樣的生活啊！

　　不知何時，我常常是在對白天的回憶中進入了夢鄉。自從看過好萊塢電影《盜夢空間》（臺譯：全面啟動）之後，我就開始夢境和現實「傻傻分不清楚」，夢境、催眠、時空變換等手法的運用創造出不少優秀

與九嶷狗留影

特別溫順的小傢伙

的科幻電影，而歷史學和地理學便是分別從時間和空間維度探討事物的學科。假如我們將每個時間點的地球變遷拍成一張張圖片，然後像放電影那樣播放出來，人世變幻和滄海桑田便有可能同時呈現在我們面前，這該是多麼壯觀的場景啊！雖然我們現在有歷史地圖集，不過地圖上能呈現的地理要素太有限了，而且並非每個時間點都能精準地畫出地圖。即使真的能夠拍出我想像中融合時間和空間的電影，也並非歷史學和地理學的全部，因為人類好奇心太重了，總是在問為什麼？為什麼會發生變化呢？好吧，先不想這麼多了，我先去夢中感受另外一個世界吧！

8月12日　天晴 ☀

南嶺湘粵通道

（摘自明立同學日記）

湖南考察的最後一天

今天是我們湖南考察之行的最後一天，要由永州市藍山縣到郴州市，天空晴晴，夢望多雲下雨。回想起這一路上收穫的知識和經歷，留戀之情油然而生。行走了十幾天，幾乎繞著湖南轉了一個大大的圈。還記得剛來湖南時爆棚的新鮮感和滿滿的熱情，此時都化作熟悉和依戀。可能是學了太多的知識，看了太多的美景，最後一天有點疲憊。老師大概跟我們有同樣的感受，破例讓我們上午休息半天。也因此，昨晚一大群人「夜聊」到凌晨兩點鐘，今早一覺睡到八點半。早餐過後，我跟麗霞在賓館附近的超市裡買了點兒「特產」，梓浩跟柏熹宅在房間裡看《中國合夥人》（臺譯：《海闊天空》），雖然這電影宣傳為勵志大片，但我看的時候完全沒有看完勵志大片之後那種跟打了雞血（編按：指熱血沸騰）一般決定要「生命不息，奮鬥不止」的熱情。稍事休息，我們開始今日行程。

湘粵古鹽道

昨天晚餐時，藍山的學者們熱情地向我們推薦當地的「舜水」和「秦漢古道」，而這就成為了今天行程的首站。車子在盤山公路上行駛了個把小時，下車後我們又在崎嶇的山間小道上步行了一會兒，終於來到位於藍山縣城西南約 10 公里的所

省級文物保護單位：湘粵古鹽道

城鎮萬年橋村的舜水和秦漢古道。清澈的舜水之上橫架著石拱橋「萬年橋」，不遠處是「積壽亭」，這是兩個頗為文雅又帶有吉祥色彩的名字。萬年橋建於乾隆五十三年，橋長 24 公尺、寬 7.3 公尺、高 14 公尺，跨度之大，高度之險，藍山僅存，湘南罕見。「積壽亭」有兩層，上層供來往於古道之間的旅客休息之用。它不像現在的房子，一間一間的，裡面的床是連在一起的「大通鋪」，底層有灶台，是用來煮飯、吃飯的。走過萬年橋，經過積壽亭，就見到了山林深處石砌的小路「秦漢古道」。看到標誌牌上寫的是「湘粵古鹽道」，我恍然大悟，高興得不得了，這就是明清史課堂上常常講到的古鹽道啊！它們是湖南、廣東兩省物質、文化交流的歷史見證，因為明清時期湖南南部諸州百姓的食鹽大部分經過這個地方挑回，境內牲豬、苧麻等土特產經此橋運往廣東。

　　「湘粵古鹽道」的具體建造時間不詳。但可以想見，建造這樣一條山路的工程量之大即便在現在都是很難承受的，而這條古道不僅鋪建得很結實，而且保存良好，直至清末還在使用。

我們此次考察見到的「湘粵古鹽道」有可能便是明清「南風坳道」留存下來的一段，如今它成了這段歷史的見證。曾經飽含辛酸和生活希望的石砌鹽道如今幾乎被茂盛的樹叢所掩蓋，那段歷史也如同這道路一樣湮沒在這風景秀麗的大山中。如果有機會，真想重走一次當年的鹽道，親身感受那段被埋藏的歷史。

　　這裡風光秀美，陽光澄澈，我們走在山路上，感覺整個人、整顆心都變得乾乾淨淨的，真想一路走到廣東，這才有意思。我們前天在高廟遺址討論，南嶺不僅是山牆，也是現成的蛛絲網，不同時代利用不同的山間交通網，就像這條古鹽道一樣溝連南與北，也連接東與西。此類記載在明清文獻中甚多，所以較清楚；秦漢時代已經很難考證，但是可以猜想，也許楚人也是利用這一古道逃離秦漢統一政權，最後跑到

湘粵古鹽道碧麗景色

湘粵古鹽道碧麗景色

我們過萬年橋，跟著老師踏入秦漢古道。

廣州，促進南越短期的興盛。更早時期，為何嶺北的玉器、青銅器流入廣東？石家河文化的玉璋的分佈為何北到石峁、南到香港，甚至越南？這些寶貴禮器之所以在嶺南出現，應該說明曾經有人從北越過南嶺，這些人也曾經走過這樣的山路。再往前追溯，靜云老師在講稻作起源、白陶和八角星的分佈時，一再提起南嶺中心帶所起的傳播作用，原來萬年前人類就在利用這條山地走廊了。

可惜我們沒辦法走得很遠，然在經過古橋，進去被廢棄的房屋時，仍可窺見這裡曾經有人居住，曾經絡繹不絕；但是現在樓塌了，山間小徑沒進草叢裡。滄海桑田，斗轉星移，人與自然間親密的生活愈來愈少了⋯⋯

在湘粵古鹽道廢棄村落的房屋內

楚越之橋：郴州

　　我們的午餐就在這風景如畫的地方解決。午餐之後，來到了此次湖南考察之行最後一站——郴州。郴州因其特殊的地質條件，素有「世界地質博物館」、「國家地質公園」和「生物基因庫」之稱。莽山、頂遼和桂東八面山有全國重點保護動物18種，珍稀植物38種，擁有世界上第二大銀杉群落。山中有水鹿、野豬、麂子、野雞等130多種野生動物，如果想要感受舊石器時代的生活，這是很好的地方。

　　郴州的自然環境非常優越，同時也有悠久的歷史和燦爛的文化。因為我研究戰國歷史，最深刻的印象是「春秋戰國時期，楚人向嶺南發展，大量的楚式兵器、銅鏡等與常見的越人器物同時出現，郴州成為楚越文化碰撞、交匯之地，綰轂南北」，這些資料都接近我想寫的碩士論文題目。

　　這次田野的最後一項活動是參觀郴州博物館。我一直覺得博物館是個特別奇妙的地方，那是另一個世界，也是一個穿越到過去的入口。行走在博物館內，就像通過時空隧道穿梭到過去一般，彷彿行走在喧鬧的集市上，又彷彿行走在炊煙嫋嫋的村落裡，那裡發生著很多很多故事。博物館通過向大眾呈現歷史來實現它的教育功能。郴州博物館的展品大都是按照質地及器類來分類並呈現的，一目了然、方便觀看、易於理解，但其的局限性也在於此，它強行將原本有個性的器物帶離原有的環

境，將其個性隱去，賦予它現代人的分類觀念。所以在博物館裡，面對那些器物，我們又覺得自己距離古人那麼遙遠。我耳邊迴盪著講解員富有現場感的精彩講解，心中卻充滿了與這段歷史疏離的傷感。博物館是個神聖的場合，它應該是個讓我們最接近歷史，而不是更遠離歷史的地方。

游歷史長河

我曾將這些困惑與家人交流，身為資深文藝女青年的姑媽說，如果針對博物館隔離文物和它的歷史背景及出土情境這一矛盾，有一些大膽的設想或建議就好了，而且這也是博物館陳列形式的創新，說不定也會成為博物館未來發展的方向。經姑媽這樣一提醒，我突然想起徐堅老師帶領我們參觀博物館的時候說過，需要在大腦裡把博物館裡的文物進行重新排列，不被策展人對文物的理解所限制；也就是說，自己須在大腦裡做策展人，用來解決自己的問題。

我曾見過一個博物館在做玉器展覽的時候，將出土這些玉器的場景復原，然後將器物擺放到復原的場景中去。姑父還有更具體的想法：他想到了電影，如果在家裡看電視，就沒有像

在電影院裡那樣身臨其境的感覺，因為電影院裡光線較暗，而且大螢幕和立體式音響都能迅速將人帶入一種氛圍中，現在還有 3D、4D，身臨其境的感覺就更加強烈！還可以把全國各地，甚至世界各地的展館做成微縮景觀，觀眾戴上隔絕周圍環境的特殊眼鏡遊走在世界各地博物館的微縮景觀裡，獲得在現實環境參觀的真實感，這些都是解決現在博物館參觀的單調感和枯燥感的好辦法！又是一場大大的頭腦風暴！這想法如此具體，而且現今的技術手段肯定可以達得到，想想未來的博物館就覺得太奇妙了，估計會是一部現實版的《博物館奇妙夜》（臺譯：《博物館驚魂夜》）。

走出郴州博物館，一天的行程差不多就結束了。我戀戀不捨地同那段過去告別，又感謝一路陪同我們的趙老師，滿載著那些美妙的回憶，伴著滿天星光，踏上了回廣州的火車。

讀書，行路，追尋過去

這一路上，我們看到了太多的遺跡、遺物。它們沉睡在大自然溫暖的懷抱中，安臥在大大小小的博物館裡，等待著我們來講述它們身上那些動人的故事。可生動的故事總需要大量的細節，作為一群講故事的人，我們一邊尋求古物中的大量細節，一邊變換視角，努力拼接那段同現代有著千絲萬縷聯繫的歷史，講述那些隨時光而逝的往事。

很多學者在他們的學術生涯中總有那麼一段奠定學術基礎的考察時期，比如梁思成和林徽因對山西古建築的考察，比如費孝通對南方少數民族的考察等，我們的湖南之行也在不知不覺中接

近了尾聲，我隨見隨思隨寫的文字記錄也暫告一段落，可沉甸甸的記憶和歷史的迴響一直蕩漾在心裡，這更加堅定了我努力「追尋人類的過去」的美好心願，很多知識以及知識之外的東西將在我的生命中留下濃墨重彩的一筆。以後的日子裡，也將會不斷地用「新的所學」去理解這些知識，用「溫良恭儉讓」的文字來講述那些曾經發生卻從不曾遠去的故事。

這不是結語，而是新的開端。

拾貝記

距離湖南考察之旅結束已經兩年多了，小夥伴們有的還在荊棘滿途的求學路上，有的已經在文教行業中獨當一面了。在陽光的照耀下，那枚躺在回憶海灘中的貝殼究竟是五彩斑斕的呢？還是色譜奇異的呢？此書出版在即，我們召集了曾參與這次考察活動的幾位同學，一起來拾起他們回憶海灘中的那枚貝殼：

這次活動讓我立足於廣闊的時空，感受古人的生活，也影響著我思考問題、看待事物的方式。現在我在博物館裏做展覽，一不小心就落入到對具體文物的排列和探討裏，忘記了它所承載的時空資訊和文化印記。而那段日子卻在我今後的工作中時時提醒我：既要有「視野」也要有「關懷」。

明立

工作兩年多後，當初課堂上的唇槍舌戰以及考察過程中激烈的討論仍時常泛上心頭。課堂上，老師們提倡的保持開放的心靈來聆聽與討論，至今仍讓我在工作時獲益匪淺。考察路上，深刻體會到了傅斯年先生說過的一句話：「上窮碧落下黃泉，動手動腳找東西。」

我正式提出盤龍城文化的概念已經兩年多了。正是當初課堂上的一個小報告，與老師、同學激蕩起的一點小火花，讓我有了學術上的一個立足點。盤龍城文化的提出，將會讓上古史研究「天翻地覆」。但在湖南的實地考察以後，雖然我不是第一次參加這樣的考察活動，這一次卻收穫最多，我想是因為有機會跟許多志同道合的師長學友交換意見和討論。半年的討論課和現場考察後，我更加深信盤龍城文化才是接近歷史真實之道，我將繼續在這條路上走下去。

詩瑩

最難忘記的是8月7日，當我站到城頭山城牆上那一刻，霎時間有種時空穿越，物是人非的錯覺。考古學講求「透物見人」，看著那規劃清晰、佈局合理的城牆、墓葬、房屋和水田遺跡，腦海裏不由映出當時人們在這片土地上耕種、生活、勞作和信仰的情景。

麗霞

踏上攻讀歷史學博士的路已經兩年了，當初在湖南課堂與考察上學到的考古學知識竟成了我今後研究的重要基礎，這是始料不及的。畫地層，辨器物，探年代，明結構，析歷史……歷史研究實在離不開考古學。回憶起湖南課堂上的思辯、展示，考察路上的親身體驗，似乎一切都近在昨日。

最讓人難以忘懷的是無處不在的是晚上討論的時光。經過一場場的思辯，讓我們理解深刻感受到，湖南的早期歷史文化需要重新理解。湖南包括「江河中原」的一部分，三湘境內又存在山地與低地的社會文化的互動，構成中國新石器時代至青銅時代社會發展的重要風景。以往以河南地區為中原中心的思想，確實是需要再思考了！

俊偉

考古學是一門建基於實物的研究，空無一物則無從談起。歷史的鴻溝並非不能跨越，關鍵是找到跨越的方法和鑰匙。課堂討論打開多樣的視角，在田野考察回到歷史現場；既看書面資料，又仔細地感受現場環境，從不同角度觀察、反復地比較，並與學友們討論，理性、感性的理解都很深刻。雖然所見已與先民大不相同，但通過對「景」與「物」的觀察和感受，我仍然可以感受到過去，為同情式理解進階加碼。

柏熹

作為一名中學教師，我常思考，什麼才是歷史教育？直到上了這堂課後，我發現這就是理想中的課堂樣子：找尋有趣的資料，思考問題並解決疑問。與老師們及各位同學一起討論，我獲得了更多不同的看法與解釋。靜云老師曾說，歷史研究就如同偵探一樣，追尋蛛絲馬跡，這樣才能推論出最有可能發生過的歷史。中學的歷史教育時常流於背誦，常讓人以為只要把課本背起來，就是學會歷史了，但這其實失去了歷史探索的趣味。我會把這次活動學到的許多方法，吸收為未來教學路上的養分。

秀美

「中國考古學要與世界接軌！」這是近幾年中國考古學喊得最響亮的口號。但在實際學習和考察了湖南的上古社會後，我深刻地體悟到在「中原中心論」的影響下，中國考古學長期忽視了湖南地區於中國文明起源的重要性。但如果從世界性的圖景來看，兩湖地區才是中國原生文明的先驅。一個學期的學習，以及十多天的湖南考察，堅定了我要努力學習和研究兩湖地區原生文明的信念。

孫隆基老師說「把歷史還給世界」，我們確實有責任向世界展示兩湖地區精彩的上古文明！

梓浩

致謝

　　經過一個學期的課堂討論後，我們在為期十一天的旅程中幾乎環繞湖南走了一圈。在這個過程中，我們實地考察了許多遺址，嘗試學習以一種「同情」心去理解古人的生活。在老師們的帶領下，走過山間、田野、河邊、湖畔；穿梭於八十壋遺址的稻田中想像那最早的定居生活之滄桑，登上城頭山遺址的城牆體會早已消逝的輝煌，蹲踞於高廟遺址的螺螄堆旁俯拾祭祀儀式的碎片……一切的經歷都化約成內心的一個符號：「同情性理解」。

　　我們的討論無所不在。在課堂和教室，在考古所的標本前，在遺址的田間湖畔，在博物館的會議室，在車上，甚至在飯桌上，我們都曾經唇槍舌戰。記憶最深的是常德博物館的館長，他讓我們在博物館已關門後到會議室討論，這讓我們非常感動；在懷化的那個晚上，還因為討論得太晚而被服務生小姐請出了房門。雖然討論的空間和時間都是「擠」出來的，但正

是得益於這一次又一次的心靈碰撞，我們收穫了知識，收穫了友情，也收穫了樂趣。

為了分享學習過程、求知的樂趣以及學習的經驗和方法，在上海文化出版社總編林斌先生的力促下，我們決定將這次學習和考察的過程編撰成書（正體中文版由國立交通大學出版社通過學術審查後，重新編輯出版），由參加學習及田野考察的師生合著。需要特別指出的是，書中有關課堂教學和考察中討論環節的寫作，除了參考現場發言的錄音外，還參考了郭靜云、郭立新、范梓浩、邱詩螢、趙柏熹、劉麗霞、江俊偉、劉秀美等人此前已發表或未曾發表過的研究成果，此部分我們儘量以說話者的方式加以表達和引用；同時考慮到文體的簡潔性要求，在涉及其他人的觀點時，一般會直接指明，而將相關出處列入到課後的閱讀指南中。本書這一特點，敬請讀者留意。

最後要說明，我們之所以能夠享受這樣一場學術大餐，離不開許多人的支持和幫助，請允許我們在此表達衷心的感謝。

首先感謝中山大學歷史人類學研究中心劉志偉教授，積極支持這次活動，在組織、申請經費和精神鼓勵等多方面提供很大的幫忙。這次活動的舉辦，另得到中山大學國際交流處的部分資助，若是沒有這樣的資助，整個考察活動可能會被「閹割」成「湖南上古文化討論課」而已。感謝歷史系景蜀慧教授參加我們的讀書報告會，並感謝歷史人類學研究中心黃曉玲老師一直默默地為我們提供後勤幫助和支持。感謝湖南省文物考

古研究所郭偉民所長特別支持和鼓勵我們的研究，為我們的考察活動提供諸多方便，並專門安排學術論壇給我們提供最新的考古發掘資料。感謝高成林先生為我們的課程提供全面的資訊，並幫助規劃考察路線，在湖南省文物考古研究所標本室進行指導，聯絡地方文物局和博物館，並且幫助安排各地住宿、聯絡租車等雜事，讓我們在湖南的考察變得順利。感謝湖南大學岳麓書院向桃初教授好幾天帶領我們考察，分享很多經驗和知識。感謝趙亞鋒先生一路陪同並多方協調，使我們能夠一路暢行，而且參與我們的學術討論，貢獻自己的知識、經驗與智慧。

也感謝尹檢順先生和張春龍先生帶領我們參觀正在整理的千家坪遺址和兔子山遺址的出土文物，並詳細向我們講解說明遺址的發掘情況；感謝長沙市文物考古研究所何旭紅先生不辭辛勞，帶我們攀上長沙王陵的封堆；感謝趙曉華先生撥冗參與銅官窯的學術論壇；感謝岳陽市文物處羅仁林先生、澧縣博物館封劍平先生和懷化市博物館田雲國先生頂著烈日，汗流浹背地帶領我們參觀銅鼓山遺址、八十壋遺址和高廟遺址等；感謝岳陽市博物館付淑華先生，安鄉縣文化局韓霆先生、陶永剛先生，常德市文物局王永彪先生，常德市博物館龍朝彬先生，里耶秦簡博物館向文富先生，洪江市文物管理所伍元甯先生，藍山縣文化局的梁社忠先生、成章陽先生，郴州市文物處秦小軍先生的熱情接待，讓我們能接觸到大量的第一手資料，學習到很多關於湖南的風土人情！

　　在此次活動中，湖南省文物考古研究所、甯鄉縣文管所、長沙市文物考古研究所、長沙簡牘博物館、岳陽市博物館、岳陽市文物處、安鄉縣文化局、澧縣文物局和博物館、臨澧縣文物局和博物館、常德市文物局和博物館、里耶秦簡博物館、里耶古城遺址管理處、洪江市文物管理所、懷化市博物館、藍山縣文化局、郴州市文物處和郴州市博物館等單位為我們的考察活動提供各種支持，特此致謝。

　　這本書是郭靜云、郭立新、范梓浩、趙柏熹、邱詩螢、江俊偉、劉秀美和史明立等人集體合作的成果，並經郭靜云、郭立新、范梓浩修編。郭靜云、趙柏熹、郭立新負責插畫配圖，另有少量蠟筆插畫由邱鈞承創作。

　　此外，在寫作和編輯過程中，中正大學和中山大學兩校同學李梅鳳、林素瑩、彭槙儒、寧立群、劉鑫、劉凡、吳京達協助校對，劉秀美協助校對和製作部分插圖。課堂和討論的錄音，由劉麗霞、唐鶴語、王天然、詹小賽等人協助整理。本書出版榮獲 106 年度教育部獎勵大學教學卓越計畫及國立中正大學補助，同時感謝國立中正大學文學院部分資助。

　　最後，特別感謝國立交通大學支持本書正體中文出版，感謝他們提供出版機會並為我們認真校對、修訂和排版。特別感謝交通大學校長張懋中教授推動我們跟貴校的合作；感謝出版社執行長簡美玲教授、出版社前執行長李佩雯教授及出版社編輯群等。尤其特別感謝張懋中教授大力推動此書的出版，沒有

他的推動就不會有此書的正體字版。感謝程惠芳執行主編和曾炫淳編輯，感謝他們不厭其煩地回答我們的疑問，滿足我們在許多細節上的要求，他們的專業和敬業精神值得我們敬佩和學習。正是有他們的幫助，本書正體版本才得以超越簡體版本。對於以上個人和單位的支持和幫助，深表感謝。

編著者

2018/01/07

國家圖書館出版品預行編目 (CIP) 資料

考古偵探：解讀歷史就像閱讀推理小說，帶你踏查文明起源，思辨炎黃子孫、
大禹治水是否神話傳說？/郭靜云等著；郭靜云，郭立新，范梓浩主編.
-- 初版 .-- 新竹市：交大出版社，民 107.03
　冊；　公分
ISBN 978-986-96220-0-4(全套：平裝)
1. 考古學 2. 通俗作品
790　　　　　　　　　　　　　　　　　　　　　　　107002413

考古偵探：

解讀歷史就像閱讀推理小說，帶你踏查文明起源，
思辨炎黃子孫、大禹治水是否神話傳說？
下幕　田野考察日記

主　　編：郭靜云、郭立新、范梓浩
副 主 編：邱詩螢、趙柏熹
著　　者：郭靜云、郭立新、范梓浩、邱詩螢、趙柏熹、史明立
插　　畫：郭靜云、趙柏熹、邱鈞承、郭立新

責任編輯：程惠芳
封面設計：萬亞雰
內頁美編：theBAND · 變設計
製版印刷：華剛輸出製版印刷公司

出 版 者：國立交通大學出版社
發 行 人：張懋中
社　　長：盧鴻興
執 行 長：簡美玲
執行主編：程惠芳
助理編輯：陳建安
地　　址：新竹市大學路 1001 號
讀者服務：03-5736308、03-5131542（週一至週五上午 8:30 至下午 5:00）
傳　　真：03-5731764
網　　址：http://press.nctu.edu.tw
e - m a i l：press@nctu.edu.tw
出版日期：107 年 3 月初版一刷
定　　價：580 元（兩冊合售）
I S B N：9789869477277
G P N：1010700199

展售門市查詢：
交通大學出版社 http://press.nctu.edu.tw
三民書局（臺北市重慶南路一段 61 號)）
網址：http://www.sanmin.com.tw　電話：02-23617511
或洽政府出版品集中展售門市：
國家書店（臺北市松江路 209 號 1 樓）
網址：http://www.govbooks.com.tw　電話：02-25180207
五南文化廣場臺中總店（臺中市中山路 6 號）
網址：http://www.wunanbooks.com.tw　電話：04-22260330

**本書榮獲 106 年度教育部獎勵大學
教學卓越計畫及國立中正大學部分經費補助**